Sur le sentier de

SOLA FIDE

Un guide essentiel pour le cheminement spirituel de tout croyant fidèle.

Jean Daniel François, M.D.

Du Même Auteur

Les Clés de la Réussite
éditions Parole, Québec, Canada, 2008)

Prescription for a Successful Life
éditeur: Jean Daniel Francois, New York, 2010

Prescription for a Successful Career in Medicine
éditeur: Jean Daniel Francois, New York, 2010

Prescription for an Exciting Love Life
éditeur: Jean Daniel Francois, New York, 2010

The No Nonsense Approach To A Successful Life
éditeur: Xulon Press, 2008

Through the Light of Sola Scriptura
(À la Lumière de Sola Scriptura)
éditeur : Jean Daniel François, New York, 2010

Les Contours de l'Amour
(On the Edge of Love)
éditeur : Jean Daniel François, .NY 2012

Sur le sentier de Sola Fide

Tous droits de reproduction, de traduction et d'adaptations partielles ou totales réservés pour tous pays.

Copyright © 2011 by Jean Daniel François

Jean Daniel François, MD
1713-19 Ralph Avenue
Brooklyn, NY 11236
Téléphone : 718-531-6100. Fax : 718-531-2329

Vous pouvez visiter le site web de l'auteur : www.successfullife.us
Et/ou lui écrire à l'adresse électronique : jfranc6704@aol.com

Les citations bibliques sont de la Sainte Bible, divers auteurs, mais surtout la version courante du Docteur Louis Segond.
Imprimé aux Etats-Unis d'Amérique
Première Édition
Couverture conçue et préparée par Denise Gibson

ISBN : 978-09823142-7-2

Sur le sentier de Sola Fide

Remerciements et Dédicaces

Je rends grâces à Jéhovah qui m'a accordé le privilège de le connaître et d'accepter son salut offert gratuitement par son incarnation et par sa mort sur la croix.

Je suis très reconnaissant envers mon épouse Jocelyne, et mes enfants Sarah Jocelyne et Jean Daniel qui m'ont toujours soutenu dans mes entreprises.

Je profite de cette occasion pour confesser humblement ma gratitude à l'égard d'un groupe d'amis. Ils s'empressent toujours de m'aider dans la préparation de mes ouvrages. En effet, il m'est très difficile d'exprimer tout ce que je dois à tous ceux qui m'ont soutenu, conseillé et encouragé. Je me permets de mentionner Ange Martine Michel, Claudia Joseph, Lynne Nadia Aimé, Carol Édouard, Ingénieur Ernst St. Louis, Pasteur Ezéchias Jean, Madame Raymonde Jean, William Pressoir, George Delpèche et le Consultant Assely Etienne…Dieu les connaît tous et Lui seul saura les récompenser. Merci à tous !

Ce livre est dédié à eux tous et à tous ceux qui aiment leur Dieu et veulent maintenir une relation intime avec Lui.

Sur le sentier de Sola Fide

Jean Daniel François, M.D.

Sur le sentier de

SOLA FIDE

Un guide essentiel pour le cheminement spirituel de tout croyant fidèle. Une prescription pour aider tout être sincère à appréhender la définition convenable de la foi, plus précisément « Sola Fide » et se l'approprier pour bénéficier de la vie éternelle qui nous est accordée seulement par grâce à travers les mérites de celui qui s'est immolé sur la croix pour nous sauver.

Sur le sentier de Sola Fide

Quand on découvre Dieu,
la vie s'annonce.

Quand on croit en Lui,
elle commence.

Sur le sentier de Sola Fide

Introduction

Sola Fide est ce grand cri du cœur et de l'âme qui a bouleversé les entrailles du monde chrétien, ravivé l'intensité des flammes des bûchers et pulvérisé les mythes rattachés au rachat de l'homme perdu. C'est encore ce même cri qui a traversé les frontières du temps et de l'espace pour venir s'installer à travers les sublimes chapitres de ce présent ouvrage rédigé par le Dr. Jean Daniel François pour votre méditation en vue du salut éternel.

Par je ne sais quel génie, ou mieux, quel miracle, ce cri d'une tonalité autrefois si puissante, mais devenu de moins en moins perceptible, avec le passage du temps et les préoccupations séculières de l'existence, ce cri dis-je, a été perçu par le Dr. François qui l'a dirigé, amplifié et enchâssé dans tous les rapports de Dieu avec l'homme depuis l'Eden et cela avec passion et puissance.

Sola Fide est une tirade, une plaidoirie qui enchante ou qui désenchante selon son élection et qui est capable de désaltérer l'âme assoiffée de joie pure et d'extase sainte. Elle peut aussi captiver l'esprit en quête de réflexion systématique dans les domaines de la Théologie, l'Histoire, la Science, l'Ontologie, et l'Ethique ou bouleverser la conscience endormie par des enseignements non orthodoxes en vue d'un salut si cher, mais si accessible aux humains.

Sollicité par les raisonnements d'un monde qui se déteste et s'antagonise de plus en plus, l'être humain n'existe point en dehors de sa foi, et il n'a que sa foi et sa foi seule pour le remplir d'exaltation et reconstruire le lien qui le rattache à son Créateur. De plus « nous sommes la biologie de notre foi. » Nos actions, nos pensées, nos croyances s'inscrivent elles toutes dans les cellules de nos corps pour le meilleur ou pour le pire, pour nous sauver ou pour nous perdre. Notre foi nous définit et nous détermine.

Par le moyen de sa dialectique heureuse et sûre et surtout par l'utilisation judicieuse des déclarations tirées des Saintes Lettres conjuguées à ses recherches, ses réflexions et ses expériences personnelles, l'auteur de Sola Fide définit et établit le rôle que la foi a joué et doit encore nécessairement jouer dans nos rapports avec Dieu, avec les hommes et avec nous-mêmes.

Rien ne lui échappe. Certains épisodes de la vie de nos premiers parents, devenus pécheurs pour leur manque de foi en leur Créateur, ainsi que ceux des hommes de grande foi comme Abraham, Elie, Elisée, Daniel, Paul ont été revisités, afin de mieux nous faire comprendre l'importance de cette vertu cardinale dans notre démarche de croire en Dieu, de l'adorer et de le servir.

Ce n'est cependant qu'au premier moment de la Réforme, et avec Martin Luther en particulier, que nous prendrons le temps avec l'auteur, de penser aux sérieuses implications de ce grand cri qui a défié les contrefaçons de la foi. Il reste et demeurera que notre foi est le seul moyen d'accéder à Dieu, à son amour et aux joies éternelles. Tout le reste n'est que subterfuge !

Choisir de croire en Dieu et en Sa Parole devrait être une expérience naturelle, simple, logique et spirituelle puisque « la nécessité de croire nous est imposée » et que « nous n'appartenons pas à nous-mêmes en dépit de tout ce que nous pouvons croire ou penser. Il s'agit plutôt d'une entreprise complexe ; si complexe que l'on peut même mourir pour sa foi puisque l'homme a toujours voulu gérer la foi de l'homme.

Tout compte fait, notre foi nous engage dans un sens ou dans l'autre. Elle peut nous induire en erreur et nous conduire tout droit en enfer. Elle peut encore nous engager sur un sentier « difficile, sablonneux et mal aisé », mais qui devra déboucher certainement en pleine lumière. Pas d'alternative.

Sola Fide résonne aujourd'hui encore en puissance et en beauté à nous faire tressaillir les fibres de l'âme et à l'entendement de tous ceux qui sont appelés au salut. Il peut nous guider sur un sentier simple et sûr menant vers Dieu, vers son ciel, vers les joies éternelles.

C'est un cri d'une magnitude impétueuse, indéfinie, mystérieuse ! C'est une lumière d'une éclatante beauté qui éclaire les voûtes de notre éternité. Une expérience à faire, un chemin à découvrir, un livre à lire : Sola Fide.

Nous présentons en fin de propos d'introduction tous nos compliments à son auteur le Dr. Jean Daniel François.

Madame Raymonde Jean, B.S., M.A.

Sur le sentier de Sola Fide

Préface

Depuis les temps immémoriaux, l'homme s'est toujours intéressé à l'exploration de nouvelles pistes, de nouvelles solutions pour faire face aux différents défis qu'il rencontre sur son passage. De l'époque préhistorique à nos jours, l'homme conséquent est réputé pour sa quête constante de la vérité. Avec les découvertes scientifiques, technologiques, les progrès mécaniques, chimiques, physiques, et les prouesses en communication et leurs interconnections mondialisées, on devient plus pragmatique, plus osé et du même coup plus sceptique. Pourtant, certaines valeurs, certaines notions demeurent indispensables à sa survie.

En effet, nul ne peut vivre sans avoir des objectifs, ou sans l'espoir de pouvoir les atteindre. L'être humain ne saurait continuer à faire face aux différents défis qui le harcèlent au quotidien sans la conviction qu'il peut les surmonter et voir la concrétisation de ses rêves, la réalisation de ses projets. Chacun a envie de vivre à plein rendement et il prend des mesures pour être mieux équipé, et mieux préparé à tous les points de vue justement à cause de l'espoir, de la foi, de la confiance de pouvoir améliorer sa situation.

Dans le contexte de la relation au Christ, la notion de foi devient même indispensable car elle détermine la vie. Selon Luther, « c'est la foi qui fait la personne ». En d'autres termes, le croyant se définit en raison de sa foi, ses convictions, et ses espérances. Sinon, à quoi servirait-il d'écouler son existence dans la contemplation, l'expectative, le renoncement, la maitrise de soi ?

On serait parmi « les plus malheureux de tous les hommes », selon I Cor. XV : 19. Sur le plan spirituel, la foi est aussi importante pour le croyant que l'oxygène l'est pour le maintien de la vie physique. Nous trouvons son empreint à travers toute la Bible. Elle explique le salut des humains. Le mot foi que nous rencontrons plus de 200 fois dans le Nouveau Testament vient du grec, πιστς ~ pistis, et signifie confiance, croyance, persuasion, fidélité, conviction. L'hébreu de l'Ancien Testament traduit la foi par fermeté (Ex. XVII, 12), fidélité

(Deutéronome XXXII, 4, Psaumes CXVII, 30). Selon le verbe grec, ΠΙΣΤΕUω=pisteuo, il équivaut à croire, à faire confiance. Le Nouveau Testament nous définit la foi en Hébreux XI, 1 comme « une ferme assurance des choses qu'on espère, une démonstration de celle qu'on ne voit pas ».

A travers les oracles sacrés, nous remarquons que plusieurs mots sont utilisés pour exprimer la foi. Voila pourquoi nous nous proposons seulement d'explorer la notion de la foi en général, et plus précisément, son rôle unique dans la vie chrétienne. Ce sera une démarche simple en vue de réviser le cheminement de ce concept à travers les âges, plus précisément pourquoi et comment il sut causer le plus grand schisme religieux de l'histoire au XVIème siècle, et son application dans la vie contemporaine. Nous aimerions aider tous les lecteurs de la Bible à mieux appréhender le rôle crucial de la foi dans leurs démarches spirituelles pour une meilleure relation quotidienne avec leur Dieu.

Ce livre n'est pas un manuel académique ou un commentaire exégétique minutieux des textes portant sur la foi. Le lecteur ne doit pas s'attendre à une étude approfondie, voire exhaustive. Nous avons pour objectifs de :

- présenter dans un langage accessible à tous un éclairage pratique de la foi expérimentée et vécue,
- prendre le contre pied des tendances majeures du monde contemporain : le matérialisme, le libéralisme à outrance, le pluralisme et le scepticisme,
- rappeler l'importance de la foi dans la justification de l'homme par son Dieu,
- réviser la différence entre l'approche catholique et celle des réformateurs protestants, ainsi que la répercussion et le rôle salvifique d'une telle différence.

C'est dans la dialectique du pessimisme individuel face au rouleau compresseur de la globalisation qui alimente le désespoir ou la résignation d'un coté, et le succès démesuré d'une minorité dans ce monde bipolaire de l'autre coté, que je me permets d'intervenir avec ce concept devenu obsolète/désuet pour beaucoup, même parmi les croyants. Pour éviter toute compétition ou inégalité, pour éliminer tout antagonisme, et réduire l'abime entre l'accord et le désaccord, cet ouvrage se fait le devoir de traiter le sujet de la foi exclusivement selon la Bible. Ceci permet à toutes les tendances religieuses ou théologiques de s'en servir en toute quiétude.

Cher ami,

Bien que vous soyez préoccupé par l'immensité de la besogne de l'existence, prenez une pause pour considérer avec moi le sujet de la foi authentique qui est très importante dans la vie de chacun de nous, peu importe notre âge, notre rang social, notre race, notre appartenance religieuse, ou notre culture. Persuadé que vous allez lui payer toute votre attention, il ne me reste qu'à vous souhaiter une bonne lecture.

Merci !

Sur le sentier de Sola Fide

Avertissement

Nous vivons l'ère où les religions en général et le christianisme en particulier veulent poursuivre la paix, l'harmonie et la bonne entente. L'hostilité qui existait au sein des églises chrétiennes semble être officiellement éteinte. On embouche fièrement la trompette de l'entente et on crie à tue tête : Vive l'œcuménisme ! En effet, on ose même se demander si la génération actuelle peut s'imaginer le grand tollé de la division qui a poussé le christianisme dans le désarroi, y compris les persécutions, l'inquisition, et le sort des martyrs au nom de la religion. « Ceux qui ignorent l'histoire sont condamnés à la répéter ». Ainsi, nous permettons- nous de nous demander qu'est-ce qui est à la base de cette brise qui, comme un somnifère endort et charme les différentes confessions religieuses au point de les porter à miser sur la paix et la cohabitation comme des chandelles sur le même autel christique ? Est-ce le calme avant le retour des orages et des ouragans ? L'heure est au pluralisme et au relativisme dans le monde séculier, mais pour les croyants, il semble que l'heure de la politique du bon voisinage a sonné. Dans le zèle ardent de populariser l'évangile et de gagner le plus grand nombre d'âmes possible, se peut-il qu'on ait dilué le contenu de l'évangile qui sauve ? L'emphase est mise sur les points communs qui unissent les dénominations pour encourager tout le monde à faire la route ensemble. Mais à quelle fin ? Il nous faut faire attention, tandis que nous cheminons la tête levée vers le ciel, à ne pas tomber dans le précipice, le gouffre de la satisfaction, du compromis, voire la trahison. Nous semblons privilégier la relation entre Dieu et l'Homme, sans indiquer les éléments pivots qui facilitent une telle relation. Nous devrions nous demander si le dévouement, la bonne intention suffisent pour satisfaire les exigences divines ?

Par exemple, où placer un texte comme celui trouvé en 1 Tim. II, 1-5 : « J'exhorte donc, avant toutes choses, à faire des prières, des supplications, des requêtes, des actions de grâces, pour tous les hommes, pour les rois et pour tous ceux qui sont élevés en dignité, afin que nous menions une vie paisible et tranquille, en toute piété et honnêteté. Cela est bon et agréable devant Dieu notre Sauveur, qui veut que tous les hommes soient sauvés et parviennent à la connaissance de la vérité. Car il y a un seul Dieu, et aussi un seul médiateur entre Dieu et les hommes, Jésus Christ homme, qui s'est donné lui-même en rançon pour tous » ? La déclaration paulinienne est claire et catégorique. Dieu veut que tous les hommes soient sauvés. Cependant, il évoque une condition sine qua non : le seul moyen d'y parvenir est par Jésus Christ, l'unique médiateur entre les hommes et Dieu. En d'autres termes, hors de Jésus Christ, il n'y a point de salut. En Actes IV, 12, Pierre dira à peu près la même chose : « Il n'y a de salut en aucun autre ; car il n'y a sous le ciel aucun autre nom qui ait été donné parmi les hommes, par lequel nous devions être sauvés ». Jésus lui même dira « Je suis le chemin, la vérité et la vie, nul ne vient au père que par moi ». A la lumière de ces déclarations — et bien d'autres encore — Christ n'est pas **un « simple facilitateur »**. Il est plutôt l'unique porte par laquelle passer pour arriver à la félicité éternelle. Alors nous osons nous demander : Est-ce que le zèle déployé par les différentes communautés ecclésiales peut aboutir à une conclusion qui soit agréable à Dieu, ou est-ce le cas de dire qu'elles peuvent ne pas atteindre le but tant désiré.

Autre fait curieux, au sein même du christianisme, la paix que l'église catholique et les protestants proclament tant, est-elle du domaine du possible ? Depuis la réforme du XVIème siècle à nos jours, l'église catholique n'a pas changé sa doctrine d'un iota. Alors que les zélés protestants font toutes sortes d'acrobaties pour accommoder et rendre confortable le saint Siège, celui-ci demeure plus irréductible que jamais. Il se croit infaillible, jouissant du monopole du salut, de l'autorité ultime sur tout et en tout. Il pense être le seul capable d'interpréter la Bible tout en tenant compte des traditions. En effet, consultons tous les documents du Vatican, ou le Catéchisme de l'Eglise Catholique, adressons-nous aux dignitaires de cette Eglise, tous s'accordent et maintiennent la position théologique prise par le Concile de Trente[1]. Il n'est pas irraisonnable de se demander si les ténors du protestantisme qui proclament à cor et à cri l'œcuménisme connaissent leur histoire, ou bien, est-ce que les questions posées par les réformateurs et qui ont concouru au plus grand schisme religieux dans l'histoire ne sont plus de mise ? Si l'église catholique est unie dans ce domaine et est reconnue pour la stabilité et l'intransigeance de sa doctrine centrée et contrôlée par le saint Siège, on s'étonne de voir l'émergence de différentes tendances au sein du protestantisme issu de la réforme du XVIème siècle. De nos jours, combien de protestants croient que le salut nous est accordé seulement par grâce, par le moyen de la foi seulement et par le don de Jésus Christ seulement ? Combien préfèrent sacrifier une telle approche sur l'autel du relativisme et du pluralisme. Le courant du conformisme, du modernisme, du libéralisme, et du sophisme moderne est très fort. Pour plusieurs, « La bonne nouvelle » est l'évangile de prospérité, de musique contemporaine, de satisfaction personnelle ; c'est la spiritualité tout court dont la définition dépend de celui ou celle qui la pratique. « La bonne nouvelle » pour plusieurs c'est d'avoir une bonne situation sociale, culturelle, politique, économique, voire ecclésiale. Le Christianisme devient une affaire charismatique, un parapluie qui transcende les différentes doctrines, pour accueillir tout le monde sans une conversion réelle, sans évoquer aucune doctrine. C'est la « méga église » de la foi inter-dénominationelle. C'est le moment de la Paix et de la sécurité, c'est l'heure de l'unité. Est-ce un alliage de fer et de plomb ? Pour y parvenir, nos protestants contemporains ont-ils trahi la cause des réformateurs ? Ont-ils déposé les armes pour s'accommoder au temps et aux nouvelles circonstances. De nos jours prévalent l'usage de l'ambiguïté, de la diplomatie, du compromis, les nuances sémantiques, des déclarations farfelues et ambiguës que chacun peut interpréter à sa guise. Cela fait penser à l'attitude du roi Saul, ou à l'ère du Pharaon d'Égypte qui n'avait pas connu Joseph. Sans vouloir fausser la note et dresser un clivage, il est des points qui ne sont pas négociables.

C'est à ce Carrefour, que je me permets en toute humilité, de vous inviter tous à ré appréhender ce concept de « **Sola Fide** » et de voir comment il peut nous aider — dans la mesure du possible — à provoquer un renouveau, inciter à un nouvel engagement dans notre cheminement spirituel à la fois personnel et communautaire. Les réformateurs voulaient éviter « l'éclipse » du vrai évangile qui sauve. Mais de nos jours, s'il est évident que nous vivons à une époque très avancée où la lumière brille de tous ses éclats et dans tous les domaines, se peut-il que — paradoxalement — dans le domaine spirituel, doctrinal — nous soyons plongés dans les ténèbres les plus épaisses qui menacent d'éteindre le soleil de l'évangile complètement ? A Dieu ne Plaise !

L'histoire de l'église est jalonnée d'époques de crise. Comme dans plusieurs autres domaines, chaque génération est tentée de questionner, d'ajuster, de changer ou d'ajouter un peu à ce qu'elle a trouvé, ce qu'elle a hérité des aînés. La différence est que, dans le domaine religieux, il y a un pouvoir suprême qui dicte sa volonté rédigée dans les saints oracles. Ce manuel à suivre permet de mesurer et de comparer tout ce qui se dit et se fait. Il veille à protéger contre les déviations, et les hérésies.

Que signifie « Sola Fide » pour nous autres qui vivons cette époque ? Que signifiait ce concept pour les réformateurs ? Engageons-nous ensemble à découvrir la vérité cruciale pour notre formation et notre salut personnel.

I
LA FOI ET LE CONCEPT DE DIEU

A- Le concept divin :

Que l'homme, cet être fini, imparfait et limité, veuille cerner le concept de son Créateur, voila déjà ce qui est osé ! Pourtant à travers les âges plusieurs ont cédé à la tentation d'opiner sur Dieu ; un nombre imposant de penseurs se sont prononcés de façon favorable ou défavorable sur la divinité. D'aucuns ont essayé de définir Jéhovah au moyen de la religion, des différentes doctrines, et sectes. Le penseur Nietzsche est même arrivé à la conclusion que « Dieu est mort » Pourtant ils sont nombreux ceux qui croient en ce proverbe juif : « Dans la nuit noire, sur la pierre noire, une fourmi noire. Dieu la voit ». Entre ces deux types d'attitude, chacun essaie de définir Dieu selon ce qu'il aurait aimé que ce Dieu soit ou fasse. Notre tendance à l'anthropomorphisme a souvent raison de nous et nous porte même à juger, persécuter, condamner les autres à partir de notre compréhension personnelle de Dieu.

En toute sincérité, nous devons admettre que l'essence divine nous dépasse, sinon Dieu ne serait plus immuable, infini, insondable, parfait, le tout puissant Elohim, le Seigneur des seigneurs, le grand El Shaddai qui console et bénit ses enfants. **Le concept Dieu est unique. Il s'impose à notre foi. Croire en Dieu est une expérience personnelle vécue par chacun, une activité dynamique qui grandit au fil des ans.**

« Hénoch marcha avec Dieu… » (Gen. 5 :22). Si nous ne pouvons pas le voir marcher avec nous, pourtant il est présent en tout et partout. Quand Moise sollicita le privilège de le voir, Dieu lui dit « Nul ne peut me voir et vivre ». La Bible le décrit tantôt comme un feu dévorant, un doux vent, ou un esprit (Jean IV, 24). I Timothée VI, 16, affirme que Lui « seul possède l'immortalité, qui habite une lumière inaccessible, que nul homme n'a vu ni ne peut voir, à qui appartiennent l'honneur et la puissance éternelle. Amen ! » Ex. XV, 11 déclare : « Qui est comme toi parmi les dieux, ô Éternel? Qui est comme toi, magnifique en sainteté, Digne de louanges, Opérant des prodiges ? » Dieu est plus que tout ce que nous pouvons rêver ou imaginer. Qui peut oublier la démarche du Sénateur Ernie Chambers de Nebraska (Etats Unis) de poursuivre Dieu en justice en 2007, l'accusant d'être responsable de tous les problèmes du monde et de tous les méfaits de la société. Démarche farfelue qui offre un exemple du comportement de certains face à l'Être suprême. Aucune créature, en raison de sa finitude, ne peut avoir une perception exacte du Créateur. Cependant, Dieu a toujours voulu se révéler à l'homme dans sa plénitude et fait montre de magnanimité. Il ne nous traite jamais comme nous le méritons. Il a toujours voulu se révéler à l'homme selon la capacité de ce dernier d'appréhender son pouvoir. Il se manifeste de diverses manières à notre entendement spirituel afin de compenser à nos limites sensorielles ou intellectuelles. L'homme peut toujours avoir recours aux multiples attributs divins dans ses rapports avec son Créateur pour l'honorer, le servir et continuer à jouir de ses multiples bienfaits. Nous savons qu'il est amour, autonome, parfait, immuable, éternel, saint, sage, omniscient, omniprésent, omnipotent, souverain, juste, et miséricordieux.

La liste des attributs divins est très imposante et il nous serait impossible de l'épuiser. Car, la relation de Dieu avec chacune de ses créatures demeure unique. Elle dépasse celle existant entre un père responsable et ses enfants. Chacun de nous a un rapport spécial avec Dieu. C'est une relation particulière dans laquelle chacun doit jouer son rôle pour le maintien de ce dynamisme. Nous acceptons par la foi que Jéhovah est notre Créateur ou nous nous créons nous-mêmes notre propre dieu. La nécessité de la divinité s'impose à notre humanité. Notre choix est notre foi.

B-1.) La Foi et la Révélation divine : par sa parole

Si nous croyons que Dieu existe et qu'il se laisse trouver par ceux qui le cherchent, nous croyons aussi que Dieu se révèle à ses créatures comme il le veut et comme il l'entend.

Selon Dan II, 28, « Il y a un Dieu dans les cieux qui révèle les secrets… ». Amos III, 7 déclare : « Car le Seigneur, l'Éternel, ne fait rien sans avoir révélé son secret à ses serviteurs les prophètes ». Mat. XI : 25 « En ce temps-la, Jésus prit la parole et dit : Je te loue, Père, Seigneur du ciel et de la terre, de ce que tu as caché ces choses aux sages et aux intelligents, et de ce que tu les as révélées aux enfants ». Ces versets — et beaucoup d'autres tirés de la Bible — confirment le fait que Dieu tient à révéler ses plans à la race humaine. S'Il est vrai que nul humain ne peut appréhender la notion de Dieu, le Très Haut se révèle à nous de plusieurs manières.

1- au début, dans le jardin d'Eden avant le péché, c'était le face a face. En effet, les premiers chapitres de Genèse nous décrivent le scenario initial : « Dieu créa l'homme à son image et selon sa ressemblance » (Gen.. I, 26). Plus loin, nous lisons : « Tout était très bon » (Gen. I, 31). Ce n'est pas tout, Gen. III, 8-9 déclare que « La voix de l'Éternel parcourait le jardin vers le soir ». On peut se demander pourquoi ? La réponse la plus plausible traduit au moins un minimum d'attachement du Créateur envers ses créatures. Il veut s'entretenir avec le couple.

2- Après le péché, il multiplia les moyens pour garder cette relation étroite avec le genre humain. « l'Éternel vit que la méchanceté des hommes était grande sur la terre, et que toutes les pensées de leurs cœurs se portaient chaque jour uniquement vers le mal » (Gen. VI, 5). Or Dieu et le mal ne cohabitent pas. Aussi quand l'homme a opté pour le mal, il a automatiquement rejeté Dieu qui l'a laissé, par respect de sa liberté, faire son expérience. Face à la rébellion systématique du genre humain, la Bible nous dit : « L'Eternel se repentit d'avoir fait l'homme sur la terre, et il fut affligé en son cœur » (Gen. VI, 6). Ces paroles placent Dieu dans une dimension humaine pour nous permettre de saisir la portée de son amour. Son affliction est celle qu'éprouve un parent quand il voit son fils ou sa fille abandonner les avantages de la maison, la famille pour obéir et suivre les conseils d'amis qui ne visent pas vraiment son bonheur. Et depuis lors, pour s'être obstiné à poursuivre le mal, ce qui ne pouvait qu'irriter le Créateur, l'homme n'a fait que subir les conséquences de ses choix. Il connut l'expérience du déluge. Après ce déluge, Noé bâtit un autel à l'Éternel, et cela lui fit grand plaisir (Gen. VIII, 20). Dieu jura par la suite de ne plus jamais détruire l'homme par le déluge.

B-2.) La Révélation divine : par le culte

En fait, Dieu n'a jamais abandonné le projet de partager la compagnie et l'amitié de l'homme (Gen. XII). En lisant Gen. XII, 7-8 et Gen. XIII, 4 (Cette fois-ci, on voit le Seigneur s'adresser à Abraham), on remarquera que contrairement à ses prédécesseurs, Abraham ne suivit pas sa culture, les coutumes de son pays, mais préféra écouter et obéir à la voix du Créateur. Il n'hésita pas à abandonner son identité pour épouser la cause de son Créateur. Voila pourquoi on l'appelle : le champion, le père de la foi.

Abraham dressait un autel et invoquait le nom de l'Éternel toutes les fois que Dieu entrait en communication avec lui — que ce soit à Sichem ou à Béthel ou ailleurs. C'est ce qu'il fit, par exemple, parmi les chênes de Mameré, près d'Hébron (Gen. XIII, 8). Quand il rencontra Melchisédech, roi de Salem, sacrificateur du Très-Haut (Gen. XIV, 20), Abraham lui donna la dîme de tout. Dieu promit ainsi à Abraham, de lui accorder à lui et à ses descendants la possession du pays de Canaan (Gen. XV). Mais à cause de la méchanceté humaine, Dieu eut le soin d'avertir Abraham que ses descendants allaient être asservis pendant quatre cents ans (Gen. XV, 13). Mais puisqu' « Abraham crut en Dieu, « cela lui fut imputé à justice ». Au temps marqué, Dieu suscita Moïse qui intima l'ordre à Pharaon de laisser partir les enfants d'Israël. Pharaon résista, mais après les dix plaies, y compris la mort de son fils aîné, qui s'abattirent sur l'Egypte, Pharaon dut céder et laisser partir les descendants d'Abraham, comme Dieu l'avait promis.

Toute une série d'événements viendra marquer le périple du peuple d'Israël vers la Terre promise. Après le passage de la Mer Rouge à pied sec, Moïse et les enfants d'Israël chantèrent un cantique à l'Éternel (Ex. XV). Puis (Ex. XX), l'Éternel promulgua sa loi pour enseigner au peuple comment le servir. Il déclara ainsi : « Ils me feront un sanctuaire, et j'habiterai au milieu d'eux » (Ex. XXV, 8). Dieu eut soin (Ex. XXV, XXVI, XXXI) de prodiguer tous les détails pour la construction et le fonctionnement du tabernacle : l'arche, le chandelier, ceux qui devaient y officier, le choix des sacrificateurs, les sacrifices en son honneur, les offrandes, etc. Tout était dicté par Jéhovah. C'est ce qu'on peut lire en Ex. XL, 38 : « La nuée de l'Éternel était de jour sur le tabernacle ; et de nuit, il y avait un feu aux yeux de toute la maison d'Israël pendant toute leur marche… ».

L'on devrait se poser la question : Pourquoi Dieu s'est-il donné tant de tracas pour partager la compagnie des humains en dépit de leurs actes de désobéissance, de leurs lacunes ? La réponse est simple : il les aime. « De loin, l'Éternel se montre à moi : je t'aime d'un amour éternel ; c'est pourquoi je te conserve ma bonté » (Jér.

XXXI, 3). Esaïe XLIII, 25 « C'est moi, moi qui efface tes transgressions pour l'amour de moi, et je me souviendrai plus de tes péchés ». Il tenait à accomplir la promesse faite à Abram, devenu Abraham, qui lui était resté fidèle dans les limites de ses possibilités. Mieux encore, Dieu maintenait son principe fondamental à savoir : l'homme a été créé pour sa gloire.

Aucun être créé ne peut exister en dehors de son Créateur. En retour, Dieu ne réclame qu'une chose : être adoré et obéi. Il le mérite, par droit de création et de rédemption, et à cause de la promesse du salut éternel. Malheureusement, le genre humain n'accepte pas ce droit exclusif du Seigneur des seigneurs. L'homme peut d'ailleurs faire usage de sa liberté et se créer son propre dieu, comme quand il choisit sciemment d'exister en dehors de ses relations avec son Créateur. Mais tout ce que la créature préfère à son Créateur : sa propre vie, son partenaire, sa progéniture, ses parents, sa famille, ses amis, ses biens, son emploi, son argent, ses vacances, ses plaisirs… n'arrive à le satisfaire et ne fait que montrer son ingratitude à l'égard de l'auteur de ses jours. Le Créateur, pour sa part, ne cesse de lui témoigner son amour, car son seul souci est de rendre sa créature heureuse.

Depuis la création, il a tenu à partager la compagnie des humains, à être parmi eux dans le tabernacle, non pas en raison de leurs mérites personnels, mais de sa grande bonté. Un Dieu que l'univers entier ne peut contenir, le voilà qui, par son omniprésence et le don de son amour, réserve un temps spécial pour ce groupe d'esclaves : les Israélites. Il continuera à le faire jusqu'à couronner son dévouement à cette tâche en envoyant son propre fils mourir sur la croix pour le salut des humains. Puis Jésus déclara avant de retourner vers son Père en Jean XIV, 16-18 : « Et moi, Je prierai le Père, et il vous donnera un autre consolateur, afin qu'il demeure éternellement avec vous… Je ne vous laisserai pas orphelin…. »

Dieu a toujours été présent au milieu de ses enfants, malgré leurs imperfections. En retour, ceux-ci doivent lui rendre la gloire qu'il mérite en l'adorant. Malgré sa déchéance, l'homme demeure un être cultuel. Il se tourne naturellement vers toutes sortes de dieux, d'inventions ou de héros pour manifester son appréciation. Consultons l'histoire des différentes civilisations et des cultures, nous en serons vite convaincus. Mais il n'y a qu'un Dieu Créateur. L'adoration permet à toute créature de prendre conscience de son état, se retrouver dans sa peau, d'apprécier la puissance créatrice, la parfaite justice, la miséricorde infinie et la majesté Souveraine de Dieu, et de s'engager pour obtenir son ultime destinée. L'homme normal est fait pour adorer son Créateur. Dieu, de son côté, n'a jamais cessé de poursuivre son objectif unique : partager la compagnie de ses créatures, leur procurer le bonheur. Si nous prenons le temps de scruter la Bible, nous remarquerons la constance divine à vouloir se révéler à sa créature. L'auteur de la Bible la termine également par un autre appel. En effet, nous lisons dans le dernier livre de la Bible, Apoc. XXII, 17, un dernier appel : « L'Esprit et l'Épouse disent : « Viens ! » Que celui qui entend cela dise aussi : « Viens ! » Que celui qui a soif vienne ; que celui qui veut de l'eau de la vie la reçoive gratuitement ».

B-3.) La Révélation Divine : par la globalité de sa création

L'homme est naturellement un être attaché à la liturgie, aux rituels religieux. A travers les âges Dieu continue à se révéler à l'homme de différentes manières : les lois et les forces de la nature, la nature humaine, les lois de sa conscience qui lui permettent de réaliser ce qui est moral, acceptable ou non, aussi bien que les données du passé, de la trajectoire humaine à travers les siècles. A coté de la révélation globale, il y a des façons spéciales dont Dieu se sert pour se révéler au genre humain y compris les Saintes Ecritures, les visions, les songes, les miracles, les exhortations et les conseils d'autrui voire la Théophanie. En effet la Bible nous révèle que Dieu apparut à Abraham (Gen. XII, 1, XV,1, etc.), à Moise (Ex. III,4, Ex. XXXIII, 11, Nom XVII,1, etc.), aux apôtres, Actes XXVI,19, aux prophètes, Joël II, 28, Dan II, 19 et Nom XII, 6, pour ne citer que ceux-là. La situation commence à être occultée quand nous manquons de discernement pour différencier une révélation divine de celle qui ne l'est pas. Nous vivons à une époque ou le matérialisme et l'esprit de profanation prédominent en tout lieu même dans les lieux saints. Plusieurs veulent imposer leur philosophie en déclarant avec désinvolture qu'ils ont la certitude d'avoir reçu une révélation divine, alors que bien souvent, cette dite révélation n'est autre que le fruit de leur imagination fertile, ou le résultat de leur culture, coutume, et interprétation personnelle.

La Bible est capable de s'expliquer et il faut toujours tenir compte du contexte, du temps et des circonstances. Le meilleur exemple que je puisse vous donner c'est cette tendance à vouloir fixer la date du retour de Jésus Christ et de la fin du monde, comme la dernière en date, celle fixée au 21 Mai 2011 par exemple. En effet, depuis le déluge, plus de 200 fois une telle prédiction a été faite. Mais ceux qui veulent rester fidèle à la Bible savent que ce qui importe vraiment est d'être toujours prêt, de veiller et de rester en contact avec le ciel et alors ils ne seront jamais surpris. Je répète : **Celui qui est toujours prêt ne sera pas surpris.**

D'ailleurs, la mort de chaque individu marque la fin de son monde jusqu'au moment ultime des récompenses ou du jugement. La plupart des protagonistes de ces pronostics ont juré d'avoir atteint leurs conclusions à partir de la Bible. Fait curieux, à les entendre, on dirait qu'ils veulent fustiger les autres organisations religieuses de n'avoir pas accepté leur interprétation. Bien-aimés, méfiez-vous de tous ceux qui se targuent d'avoir reçu une révélation spéciale et unique. Nul n'a le monopole de la vérité. Dieu dirige les humbles qui sont assez dociles pour faire sa volonté qui généralement n'est pas populaire. Il faut faire preuve de discernement spirituel pour ne pas se laisser prendre au piège des illuminés et être déboussolé. Ce qui attriste le plus, est que souvent, l'homme commence sur la bonne voie mais se fourvoie en cours de route à cause de toutes sortes de philosophie, de sophisme et de faux raisonnements. Il peut même être bien intentionné. C'est pourquoi on répète l'adage que « l'enfer est pavé de bonnes intentions ». Alors soyons prudents ! Consultons toujours la Bible. « Eprouvez toutes choses et retenez ce qui est bon ». I Thés. V, 21. « Bien-aimés, n'ajoutez pas foi à tout esprit ; mais éprouvez les esprits, pour savoir s'ils sont de Dieu, car plusieurs faux prophètes sont venus dans le monde ». I Jean IV, 1.

II
LA FOI ET LA NATURE HUMAINE

Nous sommes tous influencés par ce qui nous entoure et ce que nos ainés nous ont légué. Aussi n'est-t-il pas étonnant qu'à la question concernant l'origine de l'homme nous ayons des opinions diverses suivant ce que nos parents nous ont inculqué ce que nous avons appris à l'école, dans les universités, selon nos sources d'information, notre culture, notre profession, notre environnement. Une approche simpliste sur l'origine humaine nous habilite à oser classer les opinions en deux catégories : celles fondées sur les postulats évolutionnistes et celles s'articulant autour du créationnisme biblique.

La thèse évolutionniste

L'homme, en tant qu'être intelligent et libre, s'est toujours interrogé sur son origine et sur le sens de sa présence sur terre. Il est écartelé entre plusieurs pensées et théories divergentes. Mais, Charles Darwin en suivant le sentier parcouru par

Jean-Baptiste de Lamarck marqua une révolution dans les idées le 24 Novembre 1859 lorsqu'il publia à Londres : « *De l'origine des espèces par le moyen de la sélection naturelle* » pour soutenir la thèse de l'ascendance animale à l'humain, ou encore que l'apparition de l'homme sur la planète n'est rien que l'effet du hasard.

Selon lui, la diversité des espèces n'est due qu'à une transformation lente des organismes au fil du temps. Il postula qu'elles toutes ont des ancêtres communs. Si cette approche n'était pas nouvelle, Darwin essaya d'expliquer comment ces transformations eurent lieu au cours des siècles. Il présenta un classement par ordre hiérarchique :

1. les animaux inférieurs,
2. les animaux supérieurs,
3. les hommes inférieurs,
4. les hommes supérieurs.

La différence entre les animaux tourne autour du degré de leur intelligence. Cette théorie inaugura officiellement le duel entre les disciples de Darwin qui répètent mordicus que « l'homme descend du singe », et les tenants des religions du livre (Judaïsme, Christianisme, Islam) convaincus que Dieu est le Créateur de tout, chacun selon son espèce.

Et depuis lors le torchon brule entre ces deux types d'explication de l'origine de l'homme et du monde. Chaque camp reste ferme sur sa position. La communauté scientifique a en majeure partie embrassé la théorie de l'évolution. Elle déclare que l'évolution est basée sur les découvertes archéologiques et paléontologiques. L'homme est en constante évolution. Selon l'évolution, le premier hominide bipède (Homo erectus) apparut sur la terre il ya de cela à peu près 7 millions d'années. Elle s'est arrangée pour exclure le paramètre religieux de tout débat scientifique. Les scientifiques ont taxé la Bible de doctrine, laquelle doit être reléguée au rayon des accessoires à l'usage des théologiens et des exégètes. Ils affirment que les notions bibliques ne peuvent pas être soumises aux tests rigoureux de la science dans plusieurs laboratoires indépendants et produire le même résultat. Donc ils ne veulent pas du tout en tenir compte.

En toute bonne conscience, quand on est sûr de sa thèse, on n'a pas besoin d'être un militant et d'avoir recours à toutes sortes de mesures de coercitions pour imposer son idée ou sa théorie et œuvrer contre la possibilité d'une alternative. Les adeptes de l'évolution semblent partir en croisade contre toute idée qui serait contraire à la leur. Ils ne veulent même pas que le public ait un choix. Ils tiennent par tous les moyens à bannir toute idée qui supporterait la possibilité que Dieu ait pu créer l'univers. Ils n'arrivent pas non plus à expliquer leur théorie du Big Bang de façon convaincante. Ils ont du moins beaucoup de foi, de zèle et d'audace. Ils font feu de tout bois pour étayer leur choix. Leur enquête est encore inachevée et devient de plus en plus intéressante au fil des ans avec leurs nouvelles trouvailles qui exigent des modifications régulièrement. En effet, de temps en temps une nouvelle découverte paléontologique importante est faite mettant en cause les théories avancées avant.

Cet état de choses est source d'une véritable confusion qui exige beaucoup de foi de la part de ses adeptes.

La thèse créationniste

La thèse créationniste est simple : Elle dérive des premiers chapitres de Genèse et elle n'a jamais changé et ne réclame aucun ajustement. La Bible déclare : « Au commencement Dieu créa », « La terre était informe et vide. L'esprit de Dieu se mouvait au-dessus des eaux » (Gen. I, 2). Puis, selon Gen. II, 21, Dieu ordonna par sa parole et ce fut la création. « Il dit et la chose arrive ; il ordonne et elle existe » (Ps. XXXIII, 9). Elle dit aussi : « Les cieux racontent la gloire de Dieu et l'étendue manifeste l'œuvre de ses mains » (Ps. XIX, 1). Après avoir créé l'homme, « Dieu vit tout ce qu'il avait fait, et voici, cela était très bon » (Gen. I, 31).

Avis aux détracteurs du Créationnisme

Au lieu de trouver une telle approche trop simpliste, pourquoi ne pas être émerveillé devant un Dieu si puissant ? Les scientifiques admettent que l'univers est contrôlé par des forces, lesquelles requièrent des lois. Tout, dans l'univers, obéit à des lois, visibles ou invisibles. Les découvertes scientifiques aussi sont soumises à des lois telles que : la physique, la biologie, la thermodynamique, la chimie...

Or une loi ne se fait pas seule. Elle implique un législateur, un ordre hiérarchique où le plus fort déclenche une chaîne d'actions et de réactions pour dominer, ou imposer sa volonté. L'ordre dans l'univers demeure un fait. L'existence de l'univers, qui opère selon au moins un principe, exige une contingence, laquelle, à son tour, relève d'une cause. L'univers a donc une cause. Mais quelle est cette cause ? C'est à nous d'identifier de façon objective sa raison d'être et de l'attribuer à sa source.

Avez-vous remarqué qu'en dépit des progrès enregistrés, la nature agit indépendamment de ce que les habitants de la planète peuvent faire ? Les intempéries, les tremblements de terre, les catastrophes naturelles continuent à nous laisser impuissants. Selon la Bible, l'homme a été crée par Dieu, à son image et selon sa ressemblance. Il eut également le soin de créer tout ce qui nous entoure : le ciel, les grands luminaires, les étoiles, la terre, la verdure, l'herbe portant la semence, des arbres fruitiers, les oiseaux, les grands poissons, les animaux vivants, du bétail, des reptiles, selon leur espèce. Puis Dieu plaça l'homme dans le jardin pour l'entretenir, le cultiver et être heureux. C'est dans cette atmosphère paradisiaque que le premier couple Adam et Eve évoluèrent.

L'homme, par nature, s'interroge sur le bien fondé et le fonctionnement des choses qui l'entourent. Dès le jardin d'Éden, ce questionnement le porta à s'éloigner de l'auteur de la Création, marquant une pré-rupture dans sa relation d'avec Dieu. A travers les âges, les réponses trouvées à la quête incessante de l'Homme, ne firent qu'agrandir le fossé, consolidant ainsi cette rupture entre lui et le Maitre de l'Univers. Le niveau de la connaissance de l'être humain est directement proportionnel à la profondeur de sa déchéance.

Chers lecteurs, décidément, plus l'homme devient précieux et prétentieux, plus il est tourmenté, plus ses problèmes semblent augmenter et la vie devenir plus difficile nous laissant avec des rides au front et la peur de l'avenir. Un coup d'œil jeté autour de nous, ce que nous lisons, ce que nous entendons, ce que nous voyons et ce que nous vivons peut éloquemment nous en convaincre. Mais bien longtemps avant nous, l'écrivain François de Malherbe nous avait donné un sage conseil qui est un secret pour la paix de l'esprit : « *Vouloir ce que Dieu veut est la seule science Qui nous met en repos* ». *L'essentiel est de savoir identifier le vouloir divin. D'ailleurs, il l'a dit en Prov. XVI, 3* « *Recommande-toi à Dieu, et tes projets réussiront* », *et en Jér. XXIX, 11* « *Je connais les projets que j'ai formés sur vous, dit l'éternel, projets de paix et non de malheur, afin de vous donner un avenir et de l'espérance* ». *D'ailleurs le sage nous dit en Ecc. VII, 29 que* « *Dieu a fait les hommes droits ; mais ils ont cherché des détours* ». Tôt ou tard nous arriverons tous à la conclusion que la vie est simple, souvent c'est nous qui la compliquons. Le Dieu qui nous a créés détient le manuel de notre vie, et le mode d'emploi de notre existence. Il sait comment tout fixer pour que nous fonctionnions à merveille. Notre foi nous commande de croire que Dieu a lui-même crée l'homme de ses mains et qu'il nous a faits a son image et selon sa ressemblance parce qu'Il est l'initiateur de tout ce qui a vie sous le soleil, Darwin y compris. Jéhovah est celui qui lui donna la vie et l'intelligence dont il se servit pour l'ignorer, malheureusement. Le Créateur gère bien sa puissance au point de protéger même ceux qui nient son existence.

Sur le sentier de Sola Fide

III
LA FOI ET LA POURSUITE DU PARADIS PERDU

L'arrivée de la Noel et du jour de l'an était pour tous les enfants de mon époque un moment spécial. Nous l'attendions toujours avec beaucoup d'impatience. Pour éviter le stress des derniers jours, et par manque de pécune, les parents achetèrent les cadeaux progressivement. Certains commençaient même à s'en occuper, peu de temps après la rentrée des classes. On nous disait toujours de ne pas y toucher. Tout était bien confisqué. Un beau jour je trouvai l'armoire ouverte, ma curiosité atteignit son paroxysme. Elle eut raison de moi. Alors, ne pouvant pas résister, j'ouvris tous les paquets. J'inspectai tous les cadeaux et je pouvais dire à chacun ce qu'il allait recevoir. Malheureusement, ma grand-mère qui semblait dormir suivait attentivement toutes mes exactions. Par la suite, une sévère punition fut infligée à mes fesses, ce dont je me souviens encore. Et je fus ravi de mon cadeau tant attendu. Alors pourquoi ? Le cadeau était mien, pourquoi ne pouvais-je pas le voir ou l'avoir ? Parce que l'ordre formel était d'attendre le jour de l'an. Pour avoir désobéi, je fus puni. Même si l'un des cadeaux était mien, je devais attendre le moment opportun de le recevoir. Je ne devais pas brusquer les événements et faire venir le jour de l'an avant la Noel.

Cette histoire illustre le cas de nos premiers parents. Alors que le couple nageait dans le bonheur, il décida de se servir de ses facultés, de son jugement et de sa liberté pour faire le contraire de ce que lui avait dit le Créateur. Adam et Ève permirent à leur appétit d'avoir le dessus et optèrent de désobéir à l'ordre donné par leur Créateur à savoir : « Tu pourras manger de tous les arbres du jardin ; mais tu ne mangeras pas de l'arbre de la connaissance du bien et du mal, car le jour où tu en mangeras, tu mourras ». Gen. II, 16. Le mal, la désobéissance, le péché étaient donc présent à l'état virtuel jusqu'au moment où Adam et Ève décidèrent de leur propre chef de ne plus écouter Dieu mais de suivre leurs propres désirs. Le problème découla de leur désobéissance, de leur ingratitude, leur manque de foi, leur manque de confiance dans leur Créateur qui voulait toujours leur bien et n'allait rien faire pour les heurter. Hélas, ils choisirent de faire autrement et tombèrent en disgrâce devant Dieu. Ils allèrent grossir le camp des rebelles dont Lucifer était le chef et l'instigateur.

Avec tristesse, nous lisons en Gen. III, 24, que l'Éternel chassa Adam et Eve ; il mit à l'orient du jardin d'Éden les chérubins qui agitèrent une épée flamboyante, pour garder le chemin de l'arbre de vie. Ainsi débuta l'aventure humaine après le « Paradis Perdu », expression rendue populaire par le poème épique écrit par le poète anglais John Milton en 1667 (Paradise Lost), que Chateaubriand traduisit en français lors de son exil en Angleterre. L'introduction du péché entraina :

- la rupture des relations divino-humaines et la condamnation à en payer les frais,
- la défiance du genre humain, l'obscurcissement de l'intelligence, la rébellion contre les valeurs morales et

la tendance vers la dépravation et la désobéissance,
- le début des souffrances physiques et mentales qu'allait connaitre l'humanité tout au long de histoire,
- La décadence et la dégénérescence de tous les éléments de la nature.

Nous autres, qui vivons au XXIème siècle, ne pouvons nous imaginer la différence entre l'état édénique et la situation actuelle de notre planète. D'aucuns auraient beaucoup de peine à croire qu'au début de l'humanité on n'avait pas besoin de serrures, de clefs, de système de sécurité, de coffres-forts, de policiers, de prisons. On n'avait pas besoin de se fabriquer des armes meurtrières de toutes sortes. C'était la paix, la stabilité et la sécurité. Il n'y avait ni fatigue, ni lassitude, ni chagrin, ni frustration, ni stress, ni ennui, ni aucun manque. Il n'y avait pas de guerre, de vol, ou de viol…Au contraire, c'était la joie, la splendeur, la paix, l'opulence, l'abondance, la satisfaction ; bref, c'était le véritable bonheur pour l'éternité. On jouissait toujours de la bonne santé, c'était l'éternelle jeunesse.

Figurez-vous que nos premiers parents habitaient en pleine nature, tout le milieu baignait dans une température idéale à tout instant, et la végétation projetait des ombres bienfaisantes sur toute la surface du Jardin. Différents fleuves l'entouraient. On y trouvait toutes sortes de fruits juteux, de l'eau fraiche et pure, et une végétation luxuriante en permanence. Du reste, même les poètes les plus doués ne peuvent décrire fidèlement la beauté, la splendeur de ce paradis qui prodiguait à l'homme toutes sortes de délices et de plaisir. On peut s'imaginer que les yeux d'Adam savouraient le magnifique tableau d'une nature pure qui s'épanouissait dans un eternel printemps. Il était rassasié et satisfait au delà de tout ce qu'il pouvait souhaiter ou imaginer. Il avait tout à sa disposition. Quelle Délice ! Quel Bonheur !

Mais Hélas! Quel Malheur ! Peu de temps après l'introduction du péché dans le monde, ils devaient mourir. Et depuis lors c'est la décrépitude, la dégénérescence, le désarroi. De nos jours, tout le monde parle de la fin du monde. Avec les théories scientifiques, nous entendons parler de : perturbations magnétiques, guerres nucléaires, éruptions volcaniques, dérèglements climatiques, collisions des astéroïdes ou des comètes, infections virales, pandémies, ou megatsunami, mais la conclusion est la même : la vie sur cette planète a dégradé et tourne vers sa fin.

Nostradamus, le calendrier Maya, la science et l'Astronomie, les Illuminati, les Hollywoodiens, et tout le monde prédirent la fin. Tout compte fait, à cause des phénomènes terrestres, ou astronomiques ou les perturbations provoquées par les manœuvres humaines, beaucoup de gens parlent d'une menace globale d'extinction de la vie humaine sur cette planète. Nous sommes à un tournant où une moyenne de 250 millions de gens passent de vie à trépas dans le monde chaque année. Les causes sont multiples y compris les différents désastres tels que tsunamis, séismes, ouragans, sècheresse, famine, éruption volcanique, guerre, terrorisme, inondations, tornades, tempêtes de neige, incendies, foudre, vents violents ou fortes précipitations. Pour les croyants, la Bible aussi parle de la fin de ce système de choses, mais elle parle aussi d'un avenir après cette destruction totale.

La Bible révèle qu'au début de la création, tout était très bon. Parce que nos premiers parents ont préféré croire en les promesses fallacieuses du serpent ancien plutôt que dans celles de Dieu leur Créateur, le monde n'est plus ce jardin où il faisait vraiment ban de vivre. La désobéissance de nos premiers parents introduisit le péché dans le monde avec ses conséquences néfastes. De nos jours nous contemplons une nature soumise aux lois de la décrépitude et de la dégénérescence. Partout on entend des guerres et des bruits de guerre, c'est la violence et le chaos. Les incendies ou les ouragans ravagent nos villes et nos villages. La vie est remplacée par la mort. La terre n'est plus hospitalière comme avant. Voilà le résultat de la désobéissance. Elle retire l'homme du paradis pour le précipiter sur le silex d'une existence cauchemardesque sous les emprises de Satan. Le péché a tout chambardé dans tous les aspects de la vie. Et depuis lors, Lamartine dans ses

Méditations résume la situation : « Borné dans sa nature, infini dans ses vœux, l'homme est un dieu tombé qui se souvient encore des cieux ». Etait-ce la fin du bonheur de l'homme ou pouvait-il espérer une seconde opportunité ? Seule la foi nous permet d'y penser. Oui, nous croyons que ce paradis perdu doit être retrouvé selon que Dieu nous l'a promis. « Car je vais créer de nouveaux cieux et une nouvelle terre… On ne se rappellera plus les choses passées.

IV
LA FOI ET LE PLAN DE LA RÉDEMPTION

La notion de « rédemption » vient du latin : *redemptus ; il signifie racheté*. Dans les temps anciens on pratiquait la rédemption quand on voulait libérer un esclave. Celui qui s'intéressait à acquérir cet esclave devait entamer les négociations. Quand le marché était conclu, le propriétaire de l'assujetti — peu importe les conditions dans lesquelles il l'avait obtenu — réclamait une indemnité. Il devait obtenir sa rançon pour transférer l'esclave à celui qui le voulait et l'acheteur devait payer le prix réclamé pour l'avoir.

Pour mieux saisir la notion de rédemption, imaginons un instant l'un des hommes de confiance d'un roi, le général de l'armée, qui se révolte contre son roi, prenant en otage tous les serviteurs du roi, et décide d'établir un autre royaume parallèle à celui du roi. Ce général réclame une énorme rançon pour libérer les gens de la maison du roi. Celui-ci peut envoyer son imposante armée, ses avions de guerre, ses flottes maritimes pour réduire le général en silence. Mais il considère les risques, et les dégâts possibles. Il aime ses serviteurs et hésite à risquer des pertes en vies humaines. Alors, il accepte les démarches de son fils unique qui s'offre en rançon. Il se résout à négocier leur libération en substituant la vie de son fils unique à celle de ses serviteurs parce que seul son fils peut vaincre le général ennemi.

A la genèse de l'histoire biblique, Lucifer jouissait d'un pouvoir exceptionnel à la cour céleste. Dieu le créa intelligent, beau et parfait jusqu'au moment où il décida de retourner sa »liberté de choisir » contre son Créateur, le Dieu omniscient, omnipotent. Naturellement, sa tentative de supplanter le Très-Haut échoua. Il fut destitué. Il eut le temps de gagner à sa cause un tiers des anges, et parvint à séduire nos premiers parents : Adam et Ève. Quand ceux-ci réalisèrent leur erreur, il était trop tard. Satan se moqua d'eux. Ils découvrirent que les promesses de celui-ci étaient fausses et que celles faites par Dieu étaient vraies. Remarquons que lorsqu'on fait partie du camp de Satan, on finit par épouser sa psychologie. On devient méchant, menteur, arrogant, égoïste, …On donne libre cours à tous ses penchants. Tout cela ne fait qu'irriter Dieu. Dieu et le mal sont inexorablement incompatibles. La lumière et les ténèbres ne peuvent cohabiter. Satan le savait très bien. Il s'imaginait qu'avec la désobéissance de nos premiers parents il pouvait les réclamer et réclamer tous leurs descendants comme ses suppôts ; les condamner à être ses esclaves pour la vie et cela au fil des générations.

Le principe de rachat est également démontré dans l'ancien testament lorsque Dieu intervint pour délivrer le peuple d'Israël, faible et insignifiant, des mains du puissant Pharaon, roi d'Egypte. Dieu intervint et ordonna aux égyptiens de laisser partir son peuple qui devait le servir. La libération inconditionnelle des juifs devait leur permettre d'accéder au rang de peuple choisi, les habilitant à servir le Roi des rois, celui qui affranchit son peuple et lui donna accès à tous les privilèges du royaume.

Ex. VI, 5-8 « J'ai entendu les gémissements des enfants d'Israël, que les Égyptiens tiennent dans la servitude, et je me suis souvenu de mon alliance. C'est pourquoi dis aux enfants d'Israël : Je suis l'Éternel, je vous affranchirai des travaux dont vous chargent les Égyptiens, je vous délivrerai de leur servitude, et je vous sauverai à bras étendu et par de grands jugements. Je vous prendrai pour mon peuple, je serai votre Dieu, et vous saurez que c'est moi, l'Éternel, votre Dieu, qui vous affranchis des travaux dont vous chargent les Égyptiens. Je vous ferai entrer dans le pays que j'ai juré de donner à Abraham, à Isaac et à Jacob ; je vous le donnerai en possession, moi l'Éternel ». En Gal. IV, 4-7 « mais, lorsque les temps ont été accomplis, Dieu a envoyé son Fils, né d'une femme, né sous la loi, afin qu'il rachetât ceux qui étaient sous la loi, afin que nous reçussions l'adoption. Et parce que vous êtes fils, Dieu a envoyé dans nos cœurs l'Esprit de son Fils, lequel crie : Abba ! Père ! Ainsi tu n'es plus esclave, mais fils ; et si tu es fils, tu es aussi héritier par la grâce de Dieu. ».

Le livre de Zacharie illustre éloquemment le pari de Satan. En effet, en Zach III, 1 à 5, nous lisons ce qui suit : « Il me fit voir Josué, le souverain sacrificateur, debout devant l'ange de l'Éternel, et Satan qui se tenait à sa droite pour l'accuser. L'Éternel dit à Satan : Que l'Éternel te réprime, Satan ! que l'Éternel te réprime, lui qui a choisi Jérusalem ! N'est-ce pas là un tison arraché du feu ? Or Josué était couvert de vêtements sales, et il se tenait debout devant l'ange. L'ange, prenant la parole, dit à ceux qui étaient devant lui : Ôtez-lui les vêtements sales ! Puis il dit à Josué : Vois, je t'enlève ton iniquité, et je te revêts d'habits de fête. Je dis : Qu'on mette sur sa tête un turban pur ! Et ils mirent un turban pur sur sa tête, et ils lui mirent des vêtements. L'ange de l'Éternel était là ».

L'essentiel de ce message nous donne un aperçu de ce qui se passe derrière les rideaux : le « grand conflit cosmique », entre Dieu et Lucifer, devenu Satan, qui n'est autre que la lutte entre le bien et le mal. Selon Apocalypse XII, 7, ce conflit débuta dans le ciel entre Michel et ses anges, d'un côté, le Dragon et ses anges, de l'autre côté. Depuis lors, Satan n'a eu qu'une passion, celle de porter le genre humain — créé a l'image de Dieu et pour sa gloire — à se révolter contre Lui et à Lui désobéir. Connaissant Dieu, un être juste, pur, sans tâches et qui a en horreur le péché sous toutes ses formes, Satan sait qu'Il n'aurait aucun autre choix sinon de détruire sa créature.

Le texte de Zacharie III relate la scène où Josué représente d'une part la race humaine avec ses multiples péchés ; d'autre part, l'accusateur, Satan, dont la mission consiste à nous décourager tous en nous rappelant nos fautes, nos iniquités. A cause de notre culpabilité, nous ne devrions même pas oser nous approcher de ce Dieu très saint pour lui solliciter l'absolution. L'Adversaire veut du même coup insister auprès du Créateur — comme pour le lui rappeler — que sa nature immaculée ne saurait accepter la race humaine dans son état, imbibée de toutes sortes de souillures, « couvert de vêtements sales ».

Ce qui rend la situation plus difficile est que cette fois-ci, les accusations de Satan sont vraies. Nous sommes tous coupables. Alors que faire ? Satan pensait avoir gagné. Alors, le Dieu créateur de tout, et de Lucifer aussi, dans son amour, décida de nous racheter tous en livrant son fils unique pour nous libérer de toute servitude. L'Eternel des armées est tout puissant et n'est jamais à court de ressources. Aussi décida-t-il de sa propre autorité de nous accorder le pardon, de nous laver, d'enlever les vêtements sales et de nous revêtir « d'habits de fête » et de nous mettre sur la tête « un turban pur ».

L'amour de Dieu dans le plan de la rédemption

Ainsi la race humaine bénéficie de la justice imputée. C'est la justification accordée uniquement par le sang immaculé de Jésus Christ et qui nous est octroyée par la foi seule, au moyen de la grâce. Seul Jésus Christ peut nous accorder la robe de justice. Si la Bible nous dit en Rom. III, 23 que « Tous ont péché et sont privés de la gloire de Dieu », et que « Quiconque se livre au péché est esclave du péché » (Jean VIII : 34), la même Bible aussi déclare en 1 Jean III, 1, 2 « Voyez quel amour le Père nous a témoigné, pour que nous soyons appelés enfants de Dieu ! Et nous le sommes. Si le monde ne nous connaît pas, c'est qu'il ne l'a pas connu.

Bien-aimés, nous sommes maintenant enfants de Dieu, et ce que nous serons n'a pas encore été manifesté ; mais nous savons que, lorsque cela sera manifesté, nous serons semblables à lui, parce que nous le verrons tel qu'il est ».

La possibilité de la justification ouverte à tous est une donnée pertinente en I Tim. II, 6 « Jésus Christ s'est donné lui-même en rançon pour tous ». Rien que par amour, il s'offrit une fois pour toutes en oblation pour tous les croyants. L'amour est un refrain sur toutes les lèvres. Il est un concept assez vaste qui est impliqué dans tout ce que nous faisons, disons ou voyons. Nous avons souvent tendance à lui donner une définition limitée, et le considérons comme un sentiment. Pourtant, l'amour que Dieu éprouve pour nous fusionne disposition, action et émotion. Il ne vise que notre bien-être. Il nous aime tellement qu'il s'attache à notre bonheur. La désobéissance de nos premiers parents fut donc un coup dur pour Dieu. Mais le Tout Puissant dans son omniscience n'est jamais pris au dépourvu. Il sait tout et voit la fin dès le commencement. Ainsi, fit-il des plans pour racheter l'homme de ses péchés et le réintégrer dans son intimité bien avant la création du monde. C'était pour lui un défi à relever. Il se l'était imposé. 2 Tim. 2, 13 déclare : « Si nous sommes infidèles, il demeure fidèle, car il ne peut se renier lui-même ».

En Eph. I, 4-12, nous lisons ce qui suit : « En lui Dieu nous a élus avant la fondation du monde, pour que nous soyons saints et irrépréhensibles devant lui, nous ayant prédestinés dans son amour à être ses enfants d'adoption par Jésus Christ, selon le bon plaisir de sa volonté, à la louange de la gloire de sa grâce qu'il nous a accordée en son bien-aimé. En lui nous avons la rédemption par son sang, la rémission des péchés, selon la richesse de sa grâce, que Dieu a répandue abondamment sur nous par toute espèce de sagesse et d'intelligence, nous faisant connaître le mystère de sa volonté, selon le bienveillant dessein qu'il avait formé en lui-même, pour le mettre à exécution lorsque les temps seraient accomplis, de réunir toutes choses en Christ, celles qui sont dans les cieux et celles qui sont sur la terre. En lui nous sommes aussi devenus héritiers, ayant été prédestinés suivant la résolution de celui qui opère toutes choses d'après le conseil de sa volonté, afin que nous servions à la louange de sa gloire, nous qui d'avance avons espéré en Christ ».

Dieu le fit à un prix incomparable, en consentant à se sacrifier par le biais de son fils unique qui mourut sur le bois infâme du calvaire pour payer le prix de nos offenses. Le dépouillement du Roi des rois qui se revêt de l'humanité avec toutes les conséquences qui en découlent est décrit en Phil II, 6-8 , « lequel, existant en forme de Dieu, n'a point regardé comme une proie à arracher d'être égal avec Dieu, mais s'est dépouillé lui-même, en prenant une forme de serviteur, en devenant semblable aux hommes ; et ayant paru comme un simple homme, il s'est humilié lui-même, se rendant obéissant jusqu'à la mort, même jusqu'à la mort de la croix ».

Col I, 21-23 déclare : « Et vous, qui étiez autrefois étrangers et ennemis par vos pensées et par vos mauvaises œuvres, il vous a maintenant réconciliés par sa mort dans le corps de sa chair, pour vous faire paraître devant lui saints, irrépréhensibles et sans reproche, si du moins vous demeurez fondés et inébranlables dans la foi, sans vous détourner de l'espérance de l'Évangile que vous avez entendu, qui a été prêché à toute créature sous le ciel, et dont moi Paul, j'ai été fait ministre ».

Col II, 13-15 poursuit en disant : « Vous qui étiez morts par vos offenses et par l'incirconcision de votre chair, il vous a rendus à la vie avec lui, en nous faisant grâce pour toutes nos offenses ; il a effacé l'acte dont les ordonnances nous condamnaient et qui subsistait contre nous, et il l'a détruit en le clouant à la croix ; il a dépouillé les dominations et les autorités, et les a livrées publiquement en spectacle, en triomphant d'elles par la croix ».

I Tim. II, 5,6 « Car il y a un seul Dieu, et aussi un seul médiateur entre Dieu et les hommes, Jésus Christ homme, qui s'est donné lui-même en rançon pour tous ».

La réalité évoquée par ces versets nous rappelle que naturellement nous avons pris notre distance de Dieu pour suivre nos propres pensées, nos penchants personnels et pour nous livrer à nos propres actions qui sont inimitiés contre Dieu. Mais le sang de Christ nous a réconciliés avec le Très Haut et nous accorde le privilège de redevenir enfants de Dieu, «Le salaire du péché c'est la mort. Mais le don gratuit de Dieu est la vie éternelle » (Rom. VI, 23). En d'autres termes nous avons été justifiés par Jésus Christ. C'est ce concept baptisé de : « justification par la foi » qui nous habilite à devenir participant à l'héritage divin. Pas la foi en nous-mêmes, pas la foi dans nos attributs, nos qualifications, nos efforts, nos mérites, mais seulement par le moyen de la foi, grâce au sacrifice de Jésus Christ.

Jean III, 16 déclare que « Dieu a tant aimé le monde, qu'il a donné son fils unique afin que quiconque croit en lui ne périsse point mais qu'il ait la vie éternelle ». Avec les yeux de la foi, on reçoit l'immunisation contre le péché. Mais « ce que nous serons n'a pas encore été manifesté ». Lorsqu'on est immunisé, un délai s'impose pour que l'on soit complètement protégé contre une maladie quelconque. Car l'immunisation est un processus qui demande du temps pour manifester tous ses effets. On peut attraper le froid, de petits symptômes bénins, mais la maladie contre laquelle on est immunisé ne pourra avoir aucune prise sur notre système de défense. De même, sur le plan spirituel le péché intervient dans la vie d'un cœur régénéré comme un accident. S'il bronche et tombe, le chrétien en pâtit et ressent l'urgence de confesser sa faute immédiatement en vue de son redressement par la grâce divine.

Cela nous est accordé gratuitement. Eph. II : 8 « Car c'est par la grâce que vous êtes sauvés, par le moyen de la foi. Et cela ne vient pas de vous, c'est le don de Dieu ».

Jésus est celui qui rétablit la balance non seulement dans nos relations verticales avec notre Dieu mais aussi dans nos relations horizontales, avec notre prochain.

Le passage de Jésus sur cette terre a illustré de façon irréfutable son ministère de rédemption. Il naquit dans l'humilité, il vécut une vie obéissante, dédiée à guérir les malades, nourrir les affamés, encourager les déprimés, délivrer de l'injustice, ressusciter les morts, pour tout couronner par sa propre mort sur la croix. Si la mort de Jésus, l'innocent, servait à payer la dette de nos péchés, la nouvelle phase et la plus spectaculaire est que Jésus est ressuscité. En effet il est sorti vivant du tombeau (Il n'est point ici ; il est ressuscité. Matt XXVIII, 6).

Il faut toujours se rappeler que tout ce que le Messie a enduré jusqu'à sa mort ignominieuse sur la croix n'a visé qu'à un objectif, celui d'arracher la race humaine des griffes de Satan. Ce récit passionnant dont les détails métaphysiques nous dépassent tous est souvent décrit comme étant « le **Mystère de la Rédemption** ». Je me mets avec joie aux bénéfices du saint sacrifice rédempteur. Car dans mes limites humaines, je n'arrive pas à comprendre comment Le Dieu tout Puissant, le Roi des rois, le Seigneur des seigneurs, Celui qui n'a ni commencement, ni fin, peut gérer son pouvoir de façon si stricte au point de préférer subir les rigueurs de ses principes établis au lieu de les violer ou de les amender, voire les changer. Dans ma petitesse, je me dis souvent — qu'Il aurait pu éliminer Lucifer d'un trait et reprogrammer toutes les autres créatures au point de ne pas se souvenir qu'un «Lucifer» ait jamais existé. Il aurait pu empêcher que Lucifer se rebellât. Il aurait pu empêcher à nos premiers parents de succomber à la tentation du serpent. Il aurait pu tout recréer ou tout créer comme des robots. Mais il a toujours tenu à notre liberté de choisir.

Nos premiers parents avaient mal choisi, et cela a couté au Créateur le sacrifice de sa vie par le biais de son fils. Quel Mystère ! Quel amour ! « Et c'est par ses meurtrissures que nous sommes guéris ». Grace à ce sacrifice, nous sommes devenus enfants de Dieu. L'apôtre Pierre le dit si bien : « Vous, au contraire, vous êtes une race élue, un sacerdoce royal, une nation sainte, un peuple acquis, afin que vous annonciez les vertus de celui qui vous a appelés des ténèbres à son admirable lumière, vous qui autrefois n'étiez pas un peuple, et qui maintenant êtes le peuple de Dieu, vous qui n'aviez pas obtenu miséricorde, et qui maintenant avez obtenu miséricorde. Bien-aimés, je vous exhorte, comme étrangers et voyageurs sur la terre, à vous abstenir des convoitises charnelles qui font la guerre à l'âme. Ayez au milieu des païens une bonne conduite, afin que, là même où ils vous calomnient comme si vous étiez des malfaiteurs, ils remarquent vos bonnes œuvres, et glorifient Dieu, au jour où il les visitera ». I Pierre II, 9-12. La mort du Christ nous a justifiés devant Dieu. Car Ainsi, Christ a satisfait les exigences de la loi qui réclamait la mort du transgresseur. Comme résultat, nous devons faire montre d'un nouvel esprit, et avoir de nouvelles habitudes, de nouvelles approches. Nous sommes devenus des saints, gens du royaume eternel par la foi. Puissions — nous montrer une gratitude éternelle à notre Dieu Rédempteur !

V
LA FOI ET LES SAINTES ECRITURES

5-1.) De l'interprétation des écrits sacrés : par la Bible intemporelle

L'un des moyens uniformes par lequel les habitants de la terre reçoivent la révélation divine est la Bible . Cependant, si la Bible continue à être l'un des livres les plus lus à travers la terre, spécialement dans le monde occidental, elle est aussi la source de vives discussions, et de différentes interprétations. L'une des raisons de tant de divergences découle de l'approche et des conditions qui favorisent ou invalident telle ou telle interprétation. L'idéal serait d'avoir une formule universelle avec des étapes à suivre strictement, des paramètres fermes pour éviter les explications tendancieuses et pour faire le deuil de ses préjugés. Les ainés (Origène, Jérôme, Augustin, et d'autres figures de la patristique) y avaient pensé quand ils jetaient les bases de ce qui allait devenir la méthode « historico-critique ».

Cette méthode soutient une démarche analytique, critique et historique des textes bibliques. Elle réclame une interprétation objectivante des textes considérés. Naturellement avec l'écoulement du temps et les progrès qui en découlent, pour mieux cerner les divers aspects des textes bibliques, il faut aussi tenir compte des récentes méthodes d'analyses littéraires y compris l'analyse rhétorique, l'analyse narrative, l'analyse sémiotique, ainsi que l'approche « canonique » à la lumière du canon biblique, sans ignorer l'apport scientifique avec la psychologie, la psychanalyse, l'anthropologie, la sociologie, la culture, l'ethnographie, l'économie et la géopolitique. Décidément, l'approche idéale des textes bibliques pivote autour de la source d'inspiration, la disposition (ou prédisposition), la compréhension et l'interprétation.

Pour bien saisir la portée d'un texte, il faut tenir compte de sa source (sa provenance : providentielle ou fantasmagorique), du destinataire, du contexte, des traditions, de la culture, du but, et de l'environnement dans lequel évolue le canal par lequel le message est délivré, son vécu émotionnel et social, son niveau d'éducation, son tempérament, son caractère, sans oublier la relation qui existe entre l'auteur du message, celui qui le transmet et celui qui le reçoit (le destinataire). Il ne faut pas négliger de tenir compte aussi du penchant de l'exégèse. Par exemple celui qui s'intéresse aux pauvres, à la théologie de la libération, au mouvement féministe ou homosexuel, ou aux différents problèmes socioculturels, peut aisément tendre vers ce qui l'intéresse et pratiquer ce que j'appelle une « herméneutique hermétique », c'est-à-dire une herméneutique partielle et partiale (à oeillère) dominée par le subjectivisme au détriment de l'objectivisme. La version convenable exige une exégèse désintéressée. Là encore le messager peut se révéler.

Prenons par exemple le cas d'Élisée, ce prophète de l'ancien testament ; quand on considère sa réaction face aux petits garçons de Bethel (2 Rois II, 23-25), et face à Guehazi, son serviteur après lui avoir menti (II Rois V, 20-27), on peut aisément avoir une idée du caractère de ce prophète dont Dieu honora la requête dans les deux cas. Rien ne dit que la situation ne pouvait être résolue autrement s'il s'agissait d'un autre serviteur du Très Haut avec une autre personnalité moins tranchante mais aussi dévouée.

Quand le prophète Elie déclara au roi Achab en I Rois XVII, 1 « L'Eternel est vivant, le Dieu d'Israël, dont je suis le serviteur ! Il n'y aura ces années-ci ni rosée ni pluie, sinon à ma parole ». Voila un autre exemple où le zèle du prophète engagea Dieu qui honora sa déclaration. Mais d'aucuns se demandent si Dieu aurait lui même décidé de punir toute la nation, y compris le prophète pendant plus de trois ans à cause de la méchanceté d'Achab et de Jézabel qui régnèrent sur le peuple et l'entraînèrent dans toutes sortes d'orgie et de rébellion.

Pourtant, le sort du méchant roi Achab peut surprendre plus d'un. Selon

I Rois XXI, 25, 26 « Il n'y a eu personne qui se soit vendu comme Achab pour faire ce qui est mal aux yeux de l'Éternel…Il a agi de la manière la plus abominable… ». Le verset 29 du même chapitre peut surprendre plus d'un car Dieu y déclara « As-tu vu comment Achab s'est humilié devant moi ? Parce qu'il s'est humilié devant moi, je ne ferai pas venir le malheur pendant sa vie… ». Dieu accorde toujours une opportunité aux méchants de se repentir.

Dans le nouveau testament, nous pouvons déceler le caractère de Pierre face aux autres disciples. Il était pour le moins entreprenant et impulsif. Les épîtres pauliniennes parlent éloquemment de leur auteur. C'était un apôtre d'une grande formation intellectuelle, brillant et indépendant. Ces exemples montrent comment il est important de tenir compte de beaucoup de facteurs dans la compréhension d'un texte biblique sans pour autant se laisser paralyser par des notions qui peuvent porter à oublier l'essentiel d'un message déterminé. Surtout, Il ne faut pas que notre grand savoir nous fasse déraisonner (Actes XXVI : 24).

5-2.) De l'interprétation de la Bible : par l'exégèse des temps modernes

Ce nouveau siècle porte plusieurs à reconsidérer l'exégèse, surtout à la lumière des œuvres de Martin Heidegger, Friedrich Schleiermacher, et Wilhelm Dilthey. Des auteurs comme Paul Ricœur, Rudolf Bultmann et Hans Georg Gadamer ont aussi leur impact sur la façon d'aborder les Saintes Ecritures. L'idéal serait de promouvoir la Bible comme la « Dei Verbum » qui transcende les temps, les époques, et les cultures. Des mesures doivent être prises pour que la Bible continue à jouer un rôle important dans le monde contemporain.

Par souci historique, il convient de remarquer que Jean Chrysostome fut le premier à utiliser le terme grec « BIBLIA » pour designer les écrits sacrés, considérés comme la parole de Dieu adressée à tous les hommes de tous les temps. La Bible transcende toutes les époques. La Bible a été écrite par plusieurs auteurs (plus de 40) de diverses langues, de différents pays, et à diverses périodes (à travers une période de 1500 ans). Le message est unique et tourne autour d'un Créateur tout puissant autonome qui n'a ni commencement, ni fin, qui a créé toute chose, qui aime la race humaine d'un amour unique. La Bible transmet un message d'amour, d'espoir et de salut à tous les croyants.

Le Canon Biblique protestant–tenant compte de critères stricts — sanctionne 66 livres comme véhiculant des enseignements sûrs[2]. Ecrit initialement sur le papyrus en rouleau horizontal, le parchemin en rouleau vertical, en Hébreux, Araméen, Grec et Latin., La Bible continua son chemin jusqu'à la découverte de l'imprimerie vers la fin du Moyen-âge en 1456 par Gutenberg qui donna une nouvelle dimension à sa propagation. Puis soutenue par la réforme et les tentatives de vulgarisation des Saintes Ecritures et la multiplication des traductions et des versions, Le Livre Sacré devint plus accessible au grand public. Il déclare lui même que son origine est divine et sa portée, éternelle. En effet, Luc XI : 51, XVI : 17, XVII : 26-33, XXIV : 44, Rom. I : 2, II Tim. III : 16, I Thés. II : 13, II Pierre 1 : 20,21, III : 16,

Jean X : 35, XVII : 17, et II Sam. XXIII : 2, etc. témoignent de son autorité divine.

La société globale du XXIème siècle est réputée pour ses habitudes séculières, ses pensées évolutionnistes, et l'effondrement des valeurs morales. Aidées par la théologie libérale qui met tout en doute, la vérité biblique est devenue floue pour plusieurs. D'aucuns essaient de voir les notions bibliques à travers le prisme de leurs cultures, leurs ambitions et agendas social, politique et économique. Tout est maintenant axé sur le pluralisme et l'humanisme. Plus rien n'est absolu, plus rien n'est permanent. Cependant, on est presqu'unanime à reconnaitre que les prouesses scientifiques actuelles sont dues à l'application de certaines connaissances, certaines découvertes de base qui datent des siècles passés. Le sage sait qu'il doit respecter chaque étape fondamentale de sa science. Il ne rejette point l'approche pluridimensionnelle et interdisciplinaire. Il paie attention à tout ce qui est disponible qui puisse l'aider à faire face aux défis contemporains. Aucun progrès ne débute ex nihilo.

N'en déplaise à ceux qui veulent reléguer la Bible dans le couloir des valeurs uniquement religieuses et spirituelles, ce livre contient des textes qui peuvent amplement aider la science voire lui épargner des dépenses exorbitantes. Par exemple, la Bible a toujours impliqué le fait que la terre est ronde. Les hommes ont dépensé des milliards de dollar pour avoir des données sur le soleil, la lune, la terre, etc. Hélas ! Qu'a-t-on appris qui soit différent des déclarations bibliques trouvées dans Genése, Proverbes, Ecclésiaste ou Job ? (Gen. I et II, Job XXVI : 7, Ésaïe XL : 22). La Bible parle de l'oint de l'Éternel Cyrus en Ésaïe XLV : 1 plusieurs décennies avant la naissance du roi Cyrus. Elle décrit la venue, la carrière et l'impact de Jésus Christ dans Psaumes XXII, Esaïe LIII, Mic. V, bien longtemps avant sa naissance. Cette même Bible prédit les signes du retour de Jésus Christ et de la fin des temps.

Voila pourquoi la connaissance et l'interprétation impartiales de la Bible sont indispensables.

5-3.) L'intérêt pour les écrits sacrés existe-t-il encore ?

La grande question du siècle a deux volets :

a) Qui continuent à s'intéresser à la lecture de la Bible,

b) Comment peut-on la comprendre ?

Pour y parvenir, il faut certaines notions indispensables :

1. réaliser que les textes peuvent avoir un sens littéral ou un sens symbolique ou les deux à la fois.

2. tenir compte de l'apport de toutes les spécialités, les différentes compétences, les langues, l'histoire, la culture, l'analyse, les sciences, l'art critique et la spiritualité. Un pluralisme de méthodes peut aider à éviter bien des écueils

3. être capable de pratiquer l'actualisation et l'inculturation dans une juste mesure.

4. être animé de bonne foi, savoir ignorer ses penchants naturels, coutumes, et cultures,

5. réclamer l'éclairage d'En Haut, et une bonne exégèse.

6. investir du temps, avoir de la patience pour lire, relire et apprécier le texte à partir du contexte et en cherchant d'autres textes qui adressent la même notion. Car La Bible doit interpréter la Bible. Sa valeur salvifique pivote autour des rapports intertextuels et de l'esprit de continuité

7. avoir — par-dessus tout — l'attitude convenable.

Il faut être humble, être disposé à laisser Dieu éclairer ses lanternes pour bien comprendre ce qu'on lit et être complètement débarrassé de l'esprit dominateur préoccupé de popularité, et marqué de la conviction d'avoir toujours raison.

« En ce temps là Jésus prit la parole et dit : Je te loue, Père, Seigneur du ciel et de la terre, de ce que tu as caché ces choses aux sages et aux intelligents, et que tu les as révélées aux enfants ». Mat. XI, 25. Hélas trop souvent, nous lisons les textes pas pour être instruits mais pour soutenir tel ou tel point de vue. Cela permet à plusieurs de tordre le sens des textes pour justifier leurs positions et se disculper de leurs conduites répréhensibles. Plus on persiste dans la même voie, plus on finit par avoir la conscience complètement obscurcie et enténébrée. L'on devient incapable d'appréhender un simple concept par ce qu'on devient si sophistiqué que le discernement fait défaut. Tout ce qui est simple est rejeté. **Le lecteur qui peut profiter de la Bible est celui qui la lit sans idée préconçue.**

5-4.) De l'influence de l'Esprit de Dieu

S'il faut paraphraser l'idée de Martin Luther, un paysan avec sa Bible et le Saint Esprit pour le guider a plus d'autorité que toute une institution privée de l'Esprit divin. C'est la vérité qui confère de l'autorité et non sa position, sa popularité, ses années d'expérience et le nombre de ses adeptes. Remarquons que du temps de Jésus, les hommes les plus qualifiés, qui scrutaient la Bible jour et nuit pour dépister les signes de la venue du Messie, ne pouvaient l'identifier. Le Messie vint, évolua parmi eux, ils le crucifièrent sans jamais le reconnaître. Ils avaient toutes les connaissances nécessaires, toutes les techniques de leur temps étaient à leur disposition. Ils avaient tout, pourtant Il leur manquait l'essentiel : L'Esprit de Dieu.

On ne peut pas avoir l'Esprit de Dieu quand on est rempli de soi-même ou d'un autre esprit. Les contemporains de Jésus avaient des préjugés. Méfiez-vous de ceux qui font appel uniquement à leur formation exégétique ou qui vantent leur nombre d'années investies dans la lecture et l'interprétation de la Bible au point de vous donner une date exacte de la fin du monde par exemple, ou de vouloir adopter un air de supériorité en matière biblique et absolutiser leurs propres déclarations comme provenant directement du ciel. « C'est l'Esprit qui vivifie, la chair ne sert de rien ». La lecture de la Bible réclame, non seulement une attitude convenable et de la concentration, mais aussi un esprit ouvert, une exégèse (interprétation du texte, son sens) éclairée et soumise, et une herméneutique (l'explication, interprétation du texte) désintéressée sous la mouvance de l'Esprit Saint.

Dieu ne préconise pas l'atrophie de la matière grise, ou l'étroitesse d'Esprit. Il veut seulement que tous nos talents et tous nos dons, tout ce que nous avons et tout ce que nous sommes soient soumis entièrement à l'influence de son Saint Esprit. Souvent, nous dévions du but visé à cause de nos préjugés, notre attitude rebelle, la différence de culture, ou les difficultés contextuelles / historiques, ou linguistiques. Il est recommandé d'avoir au moins un dictionnaire biblique, et une version des commentaires bibliques (voire une version de la lagune originale si le niveau d'éducation le permet). Là encore, les auteurs divergent et ont tendance à faire prévaloir leurs croyances, leurs cultures, l'endroit et l'époque de leurs études aussi bien que leurs appartenances religieuses.

Tout compte fait, il faut respecter les spécialistes, les savants en matière théologique, mais une interprétation infaillible des versets bibliques est difficile, sinon on n'aurait pas tant de religions. L'essentiel est d'être de bonne foi et diligent, et de maintenir une relation étroite avec l'auteur de la Bible qui « fait grâce à qui il veut faire grâce » Ex. XXXIII, : 19. La Bible est accessible à tous. Elle exige une approche humble, sincère, dénuée de tout préjugé intrinsèque et extrinsèque, afin que par la prière nous recevions d'En Haut, les notions indispensables à notre croissance spirituelle et cela sans aucun parti pris. Elle contient des notions assez simples pour sauver tous ceux qui le veulent. On peut consulter des exégètes. L'église en a besoin. Mais il faut du discernement pour éviter les idées apparemment orthodoxes mais au fond illusoires et pernicieuses.

Sur le sentier de Sola Fide

VI
LA FOI DANS LA VIE HUMAINE

Vous avez sans doute entendu l'histoire d'un homme qui réussit à traverser les chutes du Niagara sur une corde. Jean-François « Blondin » Gravelet, né le 28 Février 1824, est un funambule français qui le 30 juin 1859 à 4h 45 de l'après-midi traversa les chutes du Niagara sur un câble, sans filet, ni harnais, sous les yeux d'une foule imposante. Il répéta ses prouesses au dessus des rives à **17 reprises** tantôt sur des échasses, sur un vélo, avec un sac sur la tête, voire en portant son manager Harry Colcord sur le dos. Décidément, tous les spectateurs croyaient et savaient qu'il était capable de répéter ce trajet sans faille. Mais quand vint le moment pour quelqu'un de l'auditoire de venir s'asseoir sur le vélo, aucun volontaire du grand public qui l'admirait ne se présenta. Pourquoi cette hésitation ? Personne ne voulait prendre la chance de tomber et mourir. Le problème est que la confiance du public en l'habilité de l'athlète n'était qu'une confiance intellectuelle ; elle n'était pas totalement intériorisée en ces derniers.

Personne n'était assez convaincu pour faire le saut de la foi et risquer sa vie.

Cette histoire illustre le dilemme de ceux qui veulent expérimenter quelque chose de différent, mais ne sont pas vraiment surs qu'ils veulent faire **le saut de la foi**. Ils sont retenus par leurs doutes et leur mauvaise interprétation de la foi.

La notion de foi demeure cruciale dans la vie de tous ceux qui confessent leur appartenance à l'église chrétienne. D'après Saint Thomas, « La première union de l'âme avec Dieu se fait par la foi ». Hors de la foi, point de christianisme. Car, si le judaïsme — est une religion qui identifie un peuple, définit sa vie au quotidien à partir de l'observation des dix commandements et des « lois de Moise » ou des lois cérémonielles et de la tradition orale — de ce fait semble privilégier les œuvres méritoires, le christianisme — pour sa part — n'a recours qu'à la foi en Jésus Christ qui laissa son royaume éternel de gloire, naquit sur cette terre où il vécut pendant environ trente trois ans, et fut crucifié pour servir de rançon pour l'humanité. Il ressuscita le

Sur le sentier de Sola Fide

troisième jour, retourna au ciel en promettant de revenir pour accorder la vie et la félicité éternelle à tous ceux qui l'acceptent comme leur unique Sauveur, croient en lui et lui obéissent. C'est un grand bond qui ne peut se faire que par la foi.

Selon Romains, aux chapitres 9 à 11, le salut a été annoncé aux païens par suite de l'endurcissement d'Israël. Car ce peuple cherchait à être justifié par les œuvres. Les juifs échouèrent pour avoir voulu chercher la justice de Dieu à travers la loi. Or la loi n'a jamais été promulguée pour être le moyen de justification. Sinon on n'aurait pas eu besoin de sacrifices qui représentaient « l'ombre des choses à venir » lesquelles se sont concrétisées par le sacrifice de « l'agneau de Dieu qui ôte les péchés du monde ». A partir de ce sacrifice sublime, la miséricorde divine satisfait sa justice par le biais du paiement fait par son fils Jésus Christ sur le bois infâme du calvaire. Le rachat, le salut de Dieu est devenu accessible, disponible pour tous sans distinction et rend caduque **l'équation juive : Justification** et sagesse = **Loi**. Elle est plutôt remplacée par : **Salut=*foi* en Jésus Christ seulement**.

Es LXIV, 5 déclare que « Toute notre justice est comme un vêtement souillé » devant Dieu. La justice divine dépasse la justice accordée par la loi. D'ailleurs, quel pécheur - de sa propre force - peut observer toute la loi ? En Es VIII, 13-17, le prophète avertit le peuple d'Israël pour lui dire de ne compter que sur Dieu et de faire sa volonté. Le peuple persista dans sa rébellion jusqu'à s'écraser contre le Rocher des Ages que Dieu envoya pour le salut de l'humanité. La venue de ce Rocher des Ages inaugura l'ère de la parole de la foi où la justice par la foi est accordée uniquement par Dieu. Et « c'est en croyant du cœur qu'on parvient à la justice... Quiconque croit en lui ne sera point confus » Rom. X, 11. L'accès au salut est à la portée de tous.

Avec Jésus Christ, il n'y a aucune différence entre un juif et un païen « puisqu'ils ont tous un même Seigneur qui écoute tous ceux qui l'invoquent. Car quiconque invoquera le nom du Seigneur sera sauvé ». (Rom. X, 12,13). L'apôtre Paul continue en

Rom. XI, 11 pour dire que le salut est devenu accessible aux païens par la chute des Israelites. Il laisse comprendre aux versets 20 à 24 du même chapitre qu'Israël représente les branches retranchées de l'olivier franc pour cause d'incrédulité, les chrétiens — coupés de l'olivier naturellement sauvage — sont greffés sur l'olivier franc pour subsister par la foi.

Les chrétiens représentent l'olivier sauvage greffé après la déchéance de l'olivier franc. Cette métaphore paulinienne explique l'opportunité salvifique qui nous est octroyée grâce au moyen de la foi. L'universalité de l'évangile du Christ ne vise pas le rejet total et définitif des juifs. Loin de la ! Elle veut plutôt que tout le monde — juifs et gentils — ait maintenant la même opportunité d'être sauvé en Jésus uniquement, seulement par grâce, par le biais de la foi seule, et ainsi réalisé la pleine ecclésia de Jéhovah. Cette foi devient de plus en plus indispensable, surtout à l'époque où nous vivons. Car nous n'étions pas témoins oculaires du passage de Jésus sur cette terre. La venue du Christ sur notre planète, sa vie, son sacrifice et sa résurrection appartiennent dorénavant à l'histoire. La communauté chrétienne n'a sa raison d'être qu'à partir de la foi en la parole de Dieu. **C'est par l'œil de la foi et l'unique lumière de la parole de Dieu que le croyant peut s'aventurer sur le sentier étroit, ténébreux et dangereux de cette vie après le péché.** Sans la foi, le **kérygme chrétien** est un non sens.

En effet, pour accepter le salut, confesser ses péchés, obtenir la justification, accepter la sanctification, obéir aux commandements, pratiquer les béatitudes, présenter ses requêtes à Dieu, faire face aux épreuves, défaites, tracas, et tribulations de ce monde, espérer la vie éternelle et aller jouir des félicités paradisiaques, le croyant doit s'appuyer sur la foi, cette notion qui évoque une relation personnelle et intransmissible. Selon I Cor. I, 18, cette « prédication est une folie » pour les non-croyants. Elle exige une ferme confiance en l'Etre Suprême et l'habileté de calquer son mode de vie conformément à ce qu'Il prescrit. Le chrétien sans la foi est comme le musicien qui ne sait pas chanter et qui ne joue aucun instrument. Il n'a aucun moyen de prouver ce qu'il prétend être. Pis encore, la foi théorique est même ironique. Cependant la foi indubitable est une force tranquille, c'est le gouvernail du bateau. Selon Rom. XII, 3, la foi fait partie du don divin. La volonté de se l'approprier ne suffit pas, il faut une faveur d'En Haut. Nul ne peut se targuer d'avoir atteint ce niveau de foi suprême où il est sûr de ne pas retomber dans l'imbroglio des incertitudes.

Les facettes et les dimensions de la FOI chez les croyants

La foi couvre un large Spectrum et revêt plusieurs facettes à des niveaux différents. En voici quelques exemples très connus tirés de la Bible :

1. Après le mont Carmel et une carrière extraordinairement fructueuse pour l'Éternel, compris le mont Carmel, **Élie** fléchit pour un moment devant les menaces de Jézabel au point de demander la mort (I Rois XIX) : Qu'est-ce qui resta de sa foi ?

2. Selon Jean I, et Jean III, **Jean Baptiste** était convaincu de la divinité de Jésus Christ. En Jean I, 29, voyant Jésus, Jean Baptiste déclara — « Voici l'agneau de Dieu qui ôte le péché du monde ». En Luc VII, 1, que fera ce même Jean Baptiste plus tard ? « Jean appela deux de ses disciples et les envoya vers le Seigneur, pour lui dire : Es-tu celui qui doit venir, ou devons-nous en attendre un autre ? ». Comment quelqu'un qui témoigna éloquemment de la messianité de Jésus Christ, put-il se trouver à un tournant ou il questionna même sa mission ? Qu'advint-t-il de sa foi ?

3. Le douzième chapitre du livre des Actes nous relate un fait qui peut même paraitre amusant. Pierre fut emprisonné. Un ange du Seigneur vint et le libéra de la prison. Entre temps les gens priaient pour sa délivrance. Lisons ce qui arriva aux versets 12 à 16 : « Après avoir réfléchi, Pierre se dirigea vers la maison de Marie, mère de Jean, surnommé Marc, où beaucoup de personnes étaient réunies et priaient. Pierre frappa à la porte du vestibule, et une servante, nommée Rhode, s'approcha pour

écouter. Elle reconnut la voix de Pierre ; et, dans sa joie, au lieu d'ouvrir, elle courut annoncer que Pierre était devant la porte. **Les personnes** qui priaient lui dirent : Tu es folle. Mais elle affirma que la chose était ainsi. Et ils dirent : c'est son ange. Cependant Pierre continuait à frapper. Ils ouvrirent, et furent étonnés de le voir ». Voila des gens réunis pour réclamer de Dieu la délivrance de Pierre, et quand Dieu les exauça, ils ne pouvaient le croire. Priaient-ils avec foi ?

4. Dans ce même Chapitre, on peut aussi se demander perplexe pourquoi Dieu délivra-t-il **Pierre** et permit que **Jacques** fût tué par l'épée ?

5. La péricope **des disciples** « sur le chemin d'Emmaüs » traduit l'état d'âme de certains disciples de Jésus après sa mort. En effet, en Luc XXIV, 19-21, deux de ses disciples le décrivent en ces termes : « …Jésus de Nazareth, qui était un prophète puissant en œuvres et en paroles devant Dieu et devant tout le peuple…Nous espérions que ce serait lui qui délivrerait Israël, mais avec tout cela, voici le troisième jour que ces choses se sont passées… » Voila l'opi-

nion des disciples de Jésus Christ après des années aux pieds du maitre qui les endoctrinait Lui même. Selon Jean XX, 25, Quand tous les autres disciples racontèrent à Thomas que Jésus était ressuscité et qu'il les avait visités, Thomas répondit : « Si je ne vois dans ses mains la marque des clous, et si je ne mets mon doigt dans la marque des clous, et si je ne mets ma main dans son coté, je ne croirai point ». Quel genre de foi était-ce ? Que dire du reniement de Pierre : celui qui identifia Jésus Christ comme le Christ, le fils du Dieu vivant, celui qui fut témoin des miracles de Jésus, qui fut présent lors de la transfiguration de Jésus sur la montagne en compagnie de Moise et d'Elie ? Pourtant Pierre déclara en trois occasions qu'il ne connaissait pas Jésus après l'arrestation de celui-ci. Quel exemple de foi était-ce ?

6. Mat. IX, 20-22 relate une autre dimension de la foi. Voila une **femme atteinte d'une perte de sang** depuis douze ans qui osa « s'approcher par derrière et toucher le bord du vêtement de Jésus Christ. Car elle se disait : Si je puis seulement toucher son

vêtement je serai guérie ». Quel excellent témoignage de foi !

7. Luc VII, 8-10 met en exergue un exemple de foi qui porta Jésus à déclarer au verset 9 : « Je vous le dis, même en Israël je n'ai pas trouvé une aussi grande foi ». Il s'agit du comportement du **centenier** qui, pour obtenir la guérison de son serviteur, ne réclama de Jésus que sa parole « dis un mot, et mon serviteur sera guéri ». Voila comment **un incirconcis** fit preuve de sa foi.

8. Le passage trouvé en Marc IX, 14-28 met en exergue le dilemme dans lequel nous nous trouvons souvent. En effet, voici un **père** dont la foi le porta à emmener son jeune fils malade depuis son enfance pour être guéri. En l'absence du Maitre, le père présenta son fils aux neuf disciples présents. Ils ne pouvaient pas le guérir. Soudainement Jésus arriva avec ses trois autres disciples. Alors le père de l'enfant dit à Jésus, « Si tu peux quelque chose, viens à notre secours, aie compassion de nous ». L'expression dubitative « si tu peux », explique l'état d'âme du père. Après l'échec des

autres disciples, la foi qui le porta à emmener l'enfant à Jésus bascula et le doute l'envahit. « Se peut-il que ce cas ne fasse pas parti de sa spécialité » se demanda le père, peut-être ? A sa déclaration « si tu peux », Jésus répondit : « Si tu peux ! ... Tout est possible à celui qui croit ». Heureusement le père se reprit : « Aussitôt le père de l'enfant s'écria : Je crois ! Viens au secours de mon incrédulité ! ». **La foi humaine est chancelante, partielle voire imprévisible. Aux temps de rudes épreuves, sous la pression des circonstances et des événements, que de fois ne sommes nous pas frappés d'amnésie. Comme ce père troublé, chacun de nous fait face à des défis qui le dépassent et le paralysent. Nous voulons croire, mais nous sommes ballotés par les flots du doute, le tsunami de la peur. Nous avons besoin du secours céleste pour sceller notre foi en Dieu.**

9. Mat. XVI, 28-31 illustre éloquemment les tiraillements de celui qui a la foi. Voila l'impérieux disciple qui spontanément fait preuve de sa foi dans le pouvoir incomparable du Fils de Dieu. Le texte dit

que « Pierre sortit de la barque, et marcha sur les eaux pour aller vers Jésus ». Car si Jésus le fils de Dieu le veut, cela devient immédiatement une réalité. Mais face aux obstacles imprévus, « Il eut peur et … commença à enfoncer ». La foi qui joue à cache-cache avec la peur et le doute n'est d'aucune valeur devant Dieu. La foi et le doute ne peuvent cohabiter. C'est le dilemme de tout chrétien au quotidien. **Il faut faire le deuil de sa peur, enterrer l'écueil du doute, et ouvrir bien grand l'œil de la foi pour avancer par la grâce divine. Le moteur de la foi est souvent bloqué par le sable de notre inconsistance.**

10. **Mon** expérience personnelle : Je dois être assez sincère pour confesser mes lacunes personnelles dans le domaine de la foi. Je me souviens que peu de temps après notre mariage, les parents, les amis et même certains membres du grand public, commençaient par demander à mon épouse de prouver qu'elle n'était pas « paresseuse ». Il était grand temps pour nous de « travailler pour un junior » à la maison. Quelques années s'écoulèrent, des pasteurs,

des amis et une longue liste de gens se mirent à prier pour nous. Nous avions la foi que Dieu allait répondre à nos prières au moment opportun. Finalement notre foi et celle des intercesseurs fut récompensée. Ma femme devint enceinte. Mais elle eut une grossesse maladive avec presque tous les symptômes sous le ciel. Enfin l'enfant vit le jour prématurément par césarienne. On dut garder mon épouse à l'hôpital pour quelques jours et le bébé pour un mois. Les frais s'élevèrent à plus de $30,000.00.

Etant étudiant à l'école de médecine, avoir une épouse malade pendant presque toute la durée de sa grossesse, notre situation n'était pas facile à gérer. En effet, la police d'assurance dont je disposais quand je travaillais et dont nous nous servions pendant la grossesse n'était plus valide et la compagnie décida brusquement qu'elle n'allait pas honorer cette facture Nous n'avions pratiquement pas de ressources. Ma femme et moi avions, chacun de son coté, failli faire une congestion cérébrale à l'ouïe d'une telle nouvelle. Quand nous reçûmes cette lettre, on dirait que le monde entier s'écroula sous nos pieds. Nous n'avions pas de revenus pour couvrir les frais de la vie quotidienne. Et nous voila acculés avec un bordereau dépassant $30,000.00. Je dois avouer que je me trouvais dans mes petits souliers. Etant pointilleux sur le point de l'honneur, je prenais cela comme un affront, une mise en cause de ma dignité d'homme. J'avais failli à ma mission de pourvoir au bien-être de la jeune famille. J'étais moralement dévasté. Heureusement, un ami nous ramena sur les rails en disant « Si Dieu vous a donnés un enfant qui est beaucoup plus difficile, il saura vous donner les moyens pour faire face aux exigences causées par la venue de cet enfant ». Un homme de Dieu — de regrettée mémoire — me rappelait souvent que « tout ce que Dieu donne, il l'ordonne ». C'est ainsi que ma femme et moi reprirent courage. Nous nous mimes à prier et dans moins de deux mois, quand nous avions appelé les instances appropriées pour faire des arrangements de paiement par la foi, **la personne au bout du fil nous apprit que tout était déjà payé pour nous.** Et nous n'avions plus jamais reçu de bordereaux à ce sujet. Dieu a des moyens multiples pour venir au secours de ses enfants, parfois malgré leur foi chancelante. Je vous confesse que cette expérience nous a vraiment marqués et nous a aidés à faire face à plusieurs autres défis de la vie.

Les Caractéristiques de la FOI

A travers les différents exemples présentés dans les lignes plus haut, il nous est révélé que :

1. la foi est un don, un don (gratuit) de Dieu.
2. L'homme doit aussi désirer la foi et s'en servir pour la développer. La foi n'atteint pas nécessairement un summum point de non retour, elle peut vaciller.
3. elle exige une connaissance, et une conviction.
4. elle exige soumission et disposition. Elle n'est pas passive.

Celui qui croit, agit parce qu'il sait que Dieu vient toujours au secours de ses enfants. Le résultat dépend de la décision du Très Haut (Daniel III : 16-18) qui dans son omniscience accorde ce qui peut seulement contribuer à notre ultime bien-être qui peut ne pas nécessairement correspondre à ce que nous voulons.

> 5. elle devient évidente par le témoignage, l'esprit de service et par l'action.

Importance de la FOI

Le sacrifice de Jésus pour sauver la race humaine des griffes de Satan ne peut vraiment faire aucune différence à moins que les créatures l'acceptent et se l'approprient. Pour atteindre cet objectif, le simple mot FOI fait la différence.

Laissez-moi une fois de plus illustrer son importance en faisant appel à un autre fait avec lequel nous sommes tous devenus familiers. En effet, selon l'histoire relatée, lue et même vécue, un peu partout les habitants du globe sont l'objet de toutes sortes de périls, y compris les inondations, les avalanches, la sécheresse, les cyclones, les tempêtes, les tornades, les séismes et les tsunamis, etc. Fait curieux, parmi les catastrophes causées soit par les hommes ou les événements naturels, les pertes en vies humaines et les dommages matériels se révèlent considérables. En Haïti, par exemple, après le 11 septembre 2001, à la suite de plusieurs tremblements de terre et des répliques fréquentes, certains bâtiments tiennent bon et apparemment ont l'air d'être solides et prêts à continuer à abriter les différentes compagnies, organisations et personnes qui les occupaient avant. Pourtant, assez souvent après l'inspection des experts, des ingénieurs et des architectes, ces bâtiments sont déclarés inhabitables et doivent être démolis. La raison principale est simple : leur fondation a été endommagée, il faut les abattre. En d'autres termes, peu importe la beauté, voire la solidité apparente d'un bâtiment, tout dépend de sa fondation.

Voila donc le rôle princier que joue la foi dans la vie de tout croyant. À partir du moment où nos premiers parents désobéirent aux injonctions divines et débutèrent leur vie de pécheurs, une séparation automatique s'installa entre Dieu et la race humaine. Le rapport cote-à-cote cessa. Il fut remplacé par la fuite et la hante, le face-à-face de la confrontation. Seule la foi servit de pont pour relier l'homme et son Dieu. Le plan de la rédemption nous réconcilie avec le Créateur.

Pourtant ce trait-d'union entre la créature et le créateur n'est pas automatique. Il est disponible mais s'applique à chacun de nous de façon unique. Il tient compte de l'histoire, de la culture, de la situation politique et économique, de l'environnent, du tempérament, du caractère et de l'attitude de chaque croyant. Notre foi est déterminée selon notre capacité d'interpréter nos expériences, notre habilité à appréhender le concept, nous l'approprier et l'appliquer dans notre vie. Cela signifie que celui ou celle qui professe sa foi décide comment, quand et en qui ou en quoi avoir foi. Tout dépend de la source, l'authenticité de ce qu'il voit, lit ou entend, son état mental, physique et intellectuel pour qu'il saisisse la portée du message reçu afin de décider d'y croire ou non. C'est un processus, un exercice, qui se pratique à différents niveaux, basé sur sa relation, son intimité avec son Dieu.

Nos croyances christiques ne sont pas uniformément diffusées, interprétées et acceptées. D'aucuns les définissent par la manifestation publique de leur appartenance ecclésiale, le baptême, la communion, la sainte cène, le zèle missionnaire, les aumônes, la dime, le jeûne… Tout cela est bien, mais l'essentiel est de vivre sa foi dans sa dimension ascensionnelle avec le temps. C'est plus que l'apparence, c'est d'abord une démarche interne, une soumission, une prise de conscience de son état, c'est accepter le salut offert par Jésus Christ et marcher dans la course chrétienne.

La vraie foi réclame une notion continuelle que l'homme naturel n'arrive pas facilement à cerner car il vit dans un monde où les choses séculières, les cultures, les valeurs morales, les priorités se mesurent à partir des normes temporelles. Tout tend vers le succès matériel et fustige le renoncement et l'esprit de sacrifice. Même les mobiles portent à équivoque au point où l'homme agit et réagit sans pouvoir vraiment identifier ou comprendre ce qui le pousse à se comporter de telle ou telle façon. Le monde et ses convoitises nous sollicitent constamment et nous attirent. Il provoque un certain automatisme, une réaction indépendante de la volonté consciente du genre humain. Par exemple : du point A je prends la route pour aller à mon domicile (point B). Qu'est ce qui me porte à éviter tel parcours et choisir un autre ? Supposons que sur la route évitée un tragique accident est arrivé. Pourquoi suis-je épargné ? L'explication est complexe et dépend de ses croyances. Le tremblement de terre arrive, cet individu est épargné, plusieurs autres sont morts. Pourquoi ? Comment ? La Foi ? La chance ? Le hasard ? Cela est-il dû à la foi de celui la ou au manque de foi de ceux ci ?

Notions de base sur la FOI

Tout compte fait la foi est indispensable à la course chrétienne. Elle est source de vertus et canalise vers nous de grandes grâces. Révisons certaines notions basiques de ce concept :

a- La foi qui sauve n'est pas soumise aux caprices et aux raisonnements humains, mais c'est un don divin : I Cor. II, 5, XII, 8, 9, Eph. 2, 8, Rom. 10, 17, Luc 17, 5, Jean 10, 38

b- La foi est un modèle, un processus dont la croissance dépend de l'obéissance et du progrès du croyant. La définition de la foi : I Tim. III, 9, VI, 12

c- Le dépôt de la foi doit être conservé jalousement jusqu'à la fin.
La durée de la foi : 1 Cor. XIII, 13, II Tim. IV, 7

d- La foi n'est pas infuse ou imposée : II Thés. III, 2, Rom. XI, 20.

e- La foi nous transforme en fils et filles de Dieu Gal. III, 22, 26, Eph. II, 8, I Pierre I, 5, Marc V : 34

f- La foi contrôle le niveau de notre ascension spirituelle : Mat. VIII, 13, IX, 22, XXI, 22, I Jean V : 4, Héb. XI, 30

g- La foi aide à plaire au Créateur et fortifie : Héb. XI, 6, Rom. IV, 20, Marc XVI, 16 h- La foi est la clef de la vie, elle guérit et sert de bouclier : Habacuc…, Act III, 16, Eph VI, 16, II Cor. X, 4

i- La foi facilite purification, pardon et justification : Actes XV, 9, XXVI, 8, Rom. III, 28

j- La foi nous instruit face a la loi e t la liberté : Rom. III, 31, Eph. III, : 12

k- La foi nous donne accès au salut : Philip. III, 9

l- La foi nous permet de penser à la course spirituelle et à la récompense éternelle II Timothée IV, 7, II Cor. V, 7

m- La foi justifie et procure la paix : Rom. V, 1

Le christianisme pivote autour du concept de foi-, véritable point d'Archimède qui transcende le temps, l'espace, et les circonstances. La Foi implique un serment d'allégeance au Créateur qui nourrit et fortifie l'espérance de ses adeptes. La nouvelle créature en Jésus Christ le prie pour qu'il arrive à développer une confiance absolue en Lui. L'exemple des premiers chrétiens demeure très éloquent. Ils étaient prêts à mourir à cause de leur foi, pas la foi collective, mais la foi individuelle sans être imposée, la foi en Dieu d'abord et en sa parole.

La Foi incontestable affranchit et donne directement accès à celui qui mourut pour nous. La foi d'Abraham, par exemple, témoignait de sa relation avec Dieu. Ce n'était pas une foi religieuse qui accusait un théisme vague. Abraham savait en qui il pouvait placer sa confiance quelles que fussent les circonstances. Du reste, **le meilleur exemple de foi est reflété en Jésus Christ.** Il sut personnifier la connaissance, la confiance et l'obéissance jusqu'à sa mort sans jamais dévier. Puissions nous tous suivre son exemple !

VII
SOLA FIDE : LA JUSTIFICATION PAR LA FOI SEULE

A-La notion de FOI à travers les âges :

Pour plusieurs experts, parler de foi dans l'Ancien Testament y compris au niveau de la création, peut être considéré comme un anachronisme. Mais une analyse approfondie des faits révèle que dans la réalité, le terme foi demeure prédominant à travers toute la Bible. Elle se traduit de plusieurs manières. Elle exprime toute une gamme de degré d'engagement : croyance, conviction, confiance, et fidélité. Quand Dieu dit à Adam, selon Gen. II,16,17, « Tu pourras manger de tous les arbres du jardin ; mais tu ne mangeras pas de l'arbre de la connaissance du bien et du mal, car le jour ou tu en mangeras, tu mourras », c'était un moyen pour Adam de manifester sa foi, sa confiance, sa fidélité envers son Créateur. Son comportement tournait autour de son habilité à comprendre ce qui lui était dit, de le décortiquer, de juger si un tel commandement valait la peine d'être obéi. Il devait choisir de le respecter ou non. Il avait à décider s'il fallait prendre le risque de désobéir et s'il était prêt à payer les conséquences de son choix, et s'il fallait plutôt ajouter foi à ce que lui disait le serpent, cet animal étrange rencontré pour la première fois qui se mit à lui parler pour contredire ce que son Créateur, son Bienfaiteur, lui avait dit. Sa décision reflétait sa connaissance, ses facultés intellectuelles et sa relation avec celui qui lui fit une telle déclaration. Il opta pour une aventure nébuleuse. Un peu plus tard, en Gen. IV, et Gen. VI, c'est le même scenario pour Caïn, puis pour Noé et ses contemporains. Depuis la désobéissance d'Adam et d'Eve, le comportement majoritaire devint clair : les habitants de la terre refusèrent d'obéir à Dieu, de respecter ses injonctions. Ils préférèrent suivre leurs propres penchants égoïstes, pernicieux et corrompus. Ils étaient même disposés à éliminer la minorité qui osa montrer une velléité de fidélité à son Créateur.

Du temps d'Abram, en Chaldée, Dieu intervint et le contacta. Contrairement à la tendance générale, Abram répondit affirmativement aux propositions de l'Éternel, crut en lui et choisit d'abandonner tout ce qu'il avait, les mœurs et coutumes qui l'identifiaient, afin de suivre Yahvé. Pour y parvenir, il lui fallut accepter et vivre selon une nouvelle identité : Abram devint Abraham. Il avait foi en celui qui l'appela : « Abram eut confiance en l'Éternel, qui le lui imputa à justice. (Gen. XV, 6). Voila donc ce qui fit la différence : une foi pratique, une foi agissante. Rom. IV, 20, 21 nous dit « Abraham ne douta point, par incrédulité, au sujet de la promesse de Dieu ; mais il fut fortifié par la foi, donnant gloire à Dieu, et ayant la pleine conviction que ce que Dieu promet, il peut aussi l'accomplir ». En effet, Dieu eut à dire à Abraham en Gen. XVIII, 14 « Y a-t-il rien qui soit étonnant de la part de l'Éternel ? »

A travers toute la Bible, l'histoire des patriarches, des prophètes, des juges, des rois, de Jésus Christ, et des apôtres, ainsi que les récits concernant les martyrs nous présentent la foi comme la toile de fond de toute démarche spirituelle des hommes. Les **Saintes Ecritures** représentent un moyen efficace pour Dieu de se révéler à nous. « Toute écriture est inspirée de Dieu, et utile pour enseigner, pour convaincre, pour corriger, pour instruire dans la justice.... » (II Tim. III, 16,17). L'auteur de l'épitre aux Hébreux (Chapitre XI) nous campe plusieurs exemples d'hommes et de femmes qui se sont distingués par leur foi. Fait triste, à coté de ces hérauts de la foi, nous avons également des gens qui se sont révélés méchants, rebelles, déloyaux, hautains et blasphémateurs. La situation devient plus déconcertante quand au sein même de l'Eglise — qui se réclame être l'assemblée des saints — plusieurs dirigeants se sont écartés de la vraie foi basée uniquement sur les saints oracles, pour adopter des fables, toutes sortes de philosophies humaines et prêcher des commandements d'homme au point de vouloir remplacer Dieu par leurs propres raisonnements tout en prononçant le nom du Seigneur. Quel blasphème ! Quelle profanation ! C'est dans cette atmosphère que l'expression « Sola Fide » vit le jour avec les Réformateurs, y compris Martin Luther au cœur du XVIème siècle.

B-Origine de Sola Fide :

Sola Fide est une expression latine qui signifie : « La foi seule », « l'essentiel c'est la foi ». Cette notion fit partie des cinq « SOLI » des réformateurs, qui justifièrent leur séparation de l'église catholique. La doctrine de l'église Catholique tourne autour de certaines croyances fondamentales. Selon « les fondamentaux de la foi chrétienne »[3], nous pouvons citer sommairement :

a) les deux mystères de la foi : la trinité et l'incarnation, la passion, la mort et la résurrection du Christ,

b) les deux commandements de la charité : Amour pour Dieu et amour pour son prochain,

c) les 12 fruits de l'Esprit,

d) les huit béatitudes évangéliques,

e) les commandements,

f) les cinq préceptes généraux de l'église,

g) les sept sacrements,

h) les sept dons de l'Esprit Saint,

i) les trois vertus théologales,
j) les quatre vertus cardinales,
k) les sept œuvres de miséricorde corporelle,
l) les sept œuvres de miséricorde spirituelle,
m) les sept péchés capitaux,
n) les six péchés contre l'Esprit Saint,
o) les quatre péchés qui crient vengeance devant Dieu,
p) les quatre fins de l'homme, etc.

Martin Luther : Une présence qui dérange

Martin Luther, étant Moine, Théologien et Professeur, avait appris, pratiqué et enseigné les dogmes de son église dont il était certainement fier. Cette église était l'église catholique, la seule église au monde dont le premier pape était Saint Pierre lui-même, se plaisait-on à répéter. Pourtant, comme tout être pensant, Martin Luther se faisait des questions dont les réponses n'étaient pas satisfaisantes. Quand le prêtre dominicain allemand, Johann Tetzel, se déclara champion des trafics d'indulgences afin de recueillir assez de fonds pour achever la basilique de Saint Pierre à Rome, celui-ci — connu pour son zèle excessif et provocateur — eut recours à des déclarations que d'aucuns trouvèrent outrées. En effet, il se fit le point d'honneur de haranguer les paysans pour les porter à se procurer le maximum d'indulgences afin de faire sauter leurs bien-aimés des tourments affreux du Purgatoire pour bondir dans le doux paradis. On lui attribua ces fameux vers :

> Sitôt que sonne votre obole
> Du feu brulant l'âme s'envole

Voila donc — pour le moine augustin Martin Luther — la dernière goutte pour faire renverser le vase d'eau. Luther en eut ras le bol. Il réclama un débat, une discussion académique avec les intellectuels, les professeurs, les potentats de son église. Il osa prendre le contrepied de l'emphase sur les actes méritoires, nommément la pénitence, la vente des indulgences, le trésor de mérites.... Il déclara que La Bible est l'unique source d'autorité spirituelle. Sa trajectoire devint généralement très connue dans le monde religieux.

Point n'est besoin de s'attarder à réviser les détails du ministère de Martin Luther à proprement parler. Signalons surtout son rôle parmi ses contemporains et mentionnons quelques faits qui marquèrent la reforme au XVIème siècle. Ce qui nous amène à poser cette question cruciale :

C-La reforme, était-elle nécessaire ?

Si cette question peut paraitre osée pour certains, elle est pourtant cruciale pour éclairer la lanterne de plusieurs qui semblent ne pas saisir la portée, l'enjeu qui se cache derrière ce mot de trois syllabes, ou pour rafraîchir la mémoire de ceux qui — pour une raison ou une autre — aurait oublié le parcours des démarches religieuses pour aboutir au XXIème siècle. Parallèlement, il serait intéressant de découvrir :

— Comment Rome est-elle devenue le Centre Nerveux de L'église (du Catholicisme).

Pour y parvenir, il est primordial que nous fassions un voyage au XVIe siècle afin d'essayer de saisir ce que les Réformateurs avaient à l'esprit. Mieux encore, pour comprendre un tel concept, nous devons revivre la situation historique et les défis auxquels faisaient face les Réformateurs, aussi bien que le point de vue de l'Église catholique qui croit que le pape, vicaire du fils de Dieu, détient le monopole du salut et le pouvoir absolu en matière ecclésiale. Aucun mortel ne doit oser questionner l'Église catholique. Dieu lui-même est obligé d'approuver toutes ses décisions. Elle est l'unique détentrice de la vérité. Elle est énorme, elle est puissante, elle est juste, donc sans elle point de salut. On peut penser à l'attitude du Sanhédrin à la venue de Jésus Christ sur cette terre. Quand Jésus est venu mener son ministère, le Sanhédrin, les juifs avaient leur système hérité d'Abraham, d'Isaac, de Jacob, et établi par Moïse et Aaron. Chaque Sacrificateur, chaque prêtre, chaque Lévite sortait de la lignée sélectionnée par Dieu à travers Moïse et Aaron. Pourtant quand le Messie vint, ils ne le reconnurent point. Au contraire, ils le persécutèrent, le maltraitèrent et le tuèrent.

Survol historique de l'Église Catholique

Pour apprécier l'importance et la nécessité de la Réforme, il convient de réviser certains points saillants de la doctrine de l'église catholique apostolique romaine. Pour mieux comprendre cette doctrine, il faut un petit tour dans l'histoire du christianisme qui date déjà de plus de 2000 ans. Signalons rapidement que le passage de Jésus Christ sur la terre provoqua un chambardement, voire une révolution dans le domaine religieux. Quoique Jésus n'eut pas formellement fondé une religion ou légué son nom à une organisation quelconque, le fait demeure qu'il eut des disciples qu'il envoya un peu partout pour prêcher l'évangile intégral, faire d'autres disciples et les préparer pour son Royaume éternel. Ce groupement minoritaire n'était pas des plus choyés. Selon Actes XI, 26, c'est à Antioche que les chrétiens reçurent pour la première fois leur épithète de « **chrétiens** ». Ce n'était pas pour les flatter mais plutôt pour les ironiser en les taxant de disciples de Christ. Après une naissance lente et pénible, et avec la conversion de Saul de Tarse, la prédication du christianisme étendit ses cordages et élargit son domaine tant parmi les juifs que parmi les non croyants. Après s'être dégagé du Judaïsme vers la fin du 1er siècle, le Christianisme devait tantôt lutter contre les croyances hérétiques, y compris le montanisme et le gnosticisme, et affronter les défis de l'empire romain qui voulut faire d'elle le bouc émissaire de bien des déboires découlant de la décadence de cet empire.

Après trois siècles de vives persécutions, les chrétiens connurent une trêve bien méritée au IVème siècle. En effet, en 311, l'empereur Licinius en orient et l'empereur Constantin en occident accordèrent la liberté religieuse à tous. L'empereur Constantin se convertit au Christianisme qui fut désormais propulsé au rang de religion d'État. L'empereur Constantin qui était le chef de la religion romaine païenne, passa d'office pour chef de l'empire romain chrétien. Le peuple et le clergé l'acceptèrent tacitement comme étant mandaté par Dieu pour affermir et faire progresser le Christianisme. Il sut en profiter pour essayer de stabiliser le royaume. Sans aucun doute, l'Église grandissait en nombre sans pour autant approfondir la vraie doctrine du christianisme. Aussi ne devra-t-on donc pas s'étonner de voir l'infiltration de plusieurs croyances et pratiques païennes dans la pure église. D'autant plus que les païens, qui ne voulurent point être mis à l'index, se convertirent en masse au christianisme. Aussi vit-on une explosion en nombre de chrétiens. Le Christianisme subit l'influence de la majorité qui étaient des nouveaux venus qui ne connaissaient pas la vraie doctrine de Jésus Christ. C'était une tactique de survie, plutôt qu'une vraie conversion de la part de beaucoup des « convertis ».

L'église chrétienne — devenue l'église de l'empire romain — ne tarda pas à accuser des changements. Bientôt, ce fut l'introduction des rituels, des pratiques païennes, l'affermissement de l'ordre hiérarchique, la distinction entre clergé et laïcs, le besoin de médiateurs, des cérémonies pompeuses qui ressemblaient beaucoup plus au palais royal qu'à la maison de Dieu, et l'infiltration de plusieurs autres pratiques païennes dans l'église chrétienne.

L'idée de prééminence des églises locales devint donc une cause de lutte d'influence. Le rayonnement de l'assemblée dépendait de son statut. Comme Rome avait déjà son statut politique, socio-économique, l'évêque de Rome se réclama de la même prérogative, au déplaisir d'autres villes comme Alexandrie, Jérusalem, et Constantinople. Le Vème siècle salua une nouvelle ère. La papauté commença à faire son chemin alors que l'empire romain continua son déclin sous le poids de la corruption interne, et des invasions des barbares. Le trône de Rome ne tarda pas à ne trouver personne pour l'occuper. L'évêque de Rome — Léon — en profita pour remplir le vacuum et ainsi réaliser la doctrine augustinienne « le millenium temporel du Christ ». Sa position se fortifia avec la conversion de plusieurs des barbares qui se rallièrent à la religion de l'évêque de Rome. En 538, de notre ère, l'empereur Justinien déclara que l'évêque de Rome était « le chef de toutes les saintes églises ». Il était donc le

« Pontifex Maximus ». L'empereur Phocas qui régna à Constantinople de 602-610 déclara que « Le siège du Bienheureux Apôtre Pierre gouvernait toutes les Églises ». Donc Boniface III, évêque de Rome, (successeur de Saint Pierre) devint donc « L'Évêque Universel ».

Au début du Vème siècle, Innocent 1er agita l'idée que c'était Christ qui avait passé l'autorité suprême de l'Eglise à Saint Pierre, que Pierre était le premier évêque de Rome et tous les autres papes étaient donc ses successeurs. Par conséquent, l'actuel évêque de Rome — comme successeur légitime et universel de Pierre — détenait tous les pouvoirs et privilèges qui étaient délégués à Pierre. Cette autorité suprême prenait appui sur la déclaration trouvée en Mat. XVIII, 18. Cette déduction continua à être répétée sans aucune base biblique. Et à force de la répéter sans être contredit officiellement, tout le monde finit par la croire.

Au fil des ans, les déviations se multiplièrent. Comme Israël après avoir traversé la mer rouge ne tardait pas à se faire un veau d'or, l'Eglise se sentit assez puissante pour décider d'avoir un représentant visible de Jésus Christ, « Le Vicaire du Fils de Dieu » pour assumer et assurer le règne universel de Christ en vue de garantir l'unité et la pérennité de l'Eglise. En l'an 800, à genoux, Charlemagne fut couronné roi de l'occident par le pape Léon III. La papauté personnifia donc la nouvelle Rome.

Donc, en peu de mots, par toutes sortes d'alliances, de guerres, de documents, et de conciles, l'église catholique trouva moyen de se fortifier. Certes, elle dut affronter la détérioration des relations entre l'orient et l'occident, les divergences d'interprétations religieuses, les contestations et les accusations qui persisteront à travers les âges. Tout cela sera la cause de plusieurs crises et de plusieurs menaces religieuses, y compris l'islamisme, la crise iconoclaste, la crise de la papauté au XIVème siècle, la crise conciliaire au XVème siècle, pour déboucher sur la reforme au XVIème siècle, sans oublier le début des croisades sous le règne du Pape Grégoire VII, au XIe siècle, etc.

A partir du moment où l'église devint une affaire d'État officialisée par L'empereur Constantin, l'église tourna le dos ipso facto au Christianisme incontestable. Quand il y a conflit entre la religion et le gouvernement, l'État tranche la question en sa faveur, ce qui est souvent contraire à la volonté de Dieu.

Pierre et les apôtres disaient en Actes V, 29 « Il faut obéir à Dieu plutôt qu'aux hommes ». L'institution ecclésiale et pontificale continua sa quête de pouvoir et de richesse temporelle sans résister à la tentation totalitaire. Elle ne tarda pas à solidifier sa base et à imposer sa religion en altérant sa doctrine par le biais des conciles à commencer par le Concile de Nicée, les encycliques successives, et son catéchisme. Elle réaffirma que l'église Catholique romaine est fondée sur Pierre, que Jésus Christ lui même avait fait choix de Saint Pierre comme son premier pape qui mourut à Rome, fait qui en réalité ne peut être vérifié sans ambages. Saint Pierre donc, aurait transmis la clef de l'église que Jésus lui donna, à son successeur et ainsi de suite jusqu'au pape actuel que nous connaissons. En d'autres termes, tous les papes seraient des descendants de Pierre nommé pape par Jésus Christ lui-même. C'est une belle histoire, mais les faits historiques ne la soutiennent pas.

Pourquoi l'église catholique romaine fit-elle une telle déclaration ?

Elle la fit pour une raison bien déterminée : Si l'église est fondée sur saint Pierre, Pierre qui était l'un des disciples les plus influents de Jésus Christ ; si Saint Pierre est le premier pape, donc l'église catholique est fondée par Jésus Christ lui-même et elle est la seule église fondée et approuvée par Dieu. A force de répéter cette épopée, on finirait par y ajouter foi. Si on ne se donne pas la peine de la vérifier, elle est renforcée pour aller s'installer même dans notre subconscient.

Pour atteindre son but, l'église catholique romaine va également se servir de cette déclaration de Jésus Christ en Mat. XVIII, 18, « Ce que tu lieras sur la terre sera lié dans le ciel et ce que tu délieras sur la terre sera délié dans le ciel ». C'est tout ce dont l'église catholique romaine avait besoin pour se déclarer la toute puissante, la détentrice de la clef et la distributrice de salut de façon universelle. Aucune de ces assertions n'a été authentifiée, ou cautionnée par la Sainte Bible. Pire ! l'église catholique romaine, en vue de maintenir son plein pouvoir, ne rend pas la sainte Bible accessible au public. Elle la remplace par tout un monde de propagande. Tout le monde apprend la version de la Bible que la grande église diffuse par le biais de son catéchisme, avec des altérations pour affermir son empire sur les consciences.

Par exemple, en parlant de la foi, ils vous diront : *La Foi est un don de Dieu. Nous la recevons avec le baptême. Elle est une vertu surnaturelle, théologale par laquelle nous croyons fermement toutes les vérités que l'Eglise nous enseigne, parce que c'est Dieu, la vérité même, qui nous les a révélées, et qu'il ne peut ni se tromper ni nous tromper.* Joli coup, n'est-ce-pas ? Ils se sont arrangés pour définir la foi en fonction du baptême et de notre acceptation à croire fermement toutes les vérités que l'Église enseigne, parce que si l'Église les enseigne, c'est la vérité venue directement de Dieu.

Elle ajoute que la foi grandit par la prière et par les sacrements. Paul dit en Rom. X, 17, « …La foi vient de ce qu'on entend, et ce qu'on entend vient de la parole de Christ ». En réalité, la foi nous permet d'accepter tout ce que la Sainte Bible nous dit et non pas ce que nous dit une Eglise. Mais pour l'église catholique romaine, « *Extra Ecclesiam, nulla salus.* » *(Hors de l'Église, point de salut). Cette déclaration de l'évêque de Carthage au troisième siècle résume l'attitude stricte de Rome qui voit Dieu comme le Père du salut, et l'église comme la mère du salut, l'arche de Noé. Et selon le concile de Florence en 1441, si on ne fait pas partie de cette église, on n'a aucun accès à la vie éternelle. En d'autres termes l'église catholique se déclare la seule détentrice et distributrice de salut. Ses dirigeants essaient de nous faire croire que cette définition est tirée de la Bible. Mais, nul ne peut trouver une telle déclaration dans une Bible officielle.*

Dans le domaine spirituel, il suffit d'1% de mensonge pour que la vérité soit compromise et altérée en mensonge. Avec Dieu, c'est tout, tout, et tout, sinon c'est rien du tout. Mais Satan l'ayant réalisé depuis longtemps, s'est toujours amusé à nous faire croire que nous pouvons biaiser avec Dieu. Cette approche n'était pas nouvelle. Elle commença avec Adam et Ève, et continua avec Caïn (Gen. III, 1, IV, 2) où les hommes décidèrent de faire à leur tête et de ne pas obéir textuellement à ce que Dieu leur ordonna de faire. Quelle erreur ! Quelle tragédie ! En I Rois XVIII, 21, Elie eut à dire aux Israelites : « Jusques à quand clocherez-vous des deux cotés ? Si l'Éternel est Dieu, allez après lui ; si c'est Baal, allez après lui ! » Dieu lui même l'a exprimé clairement en Ex. XX, 3, 5 «Tu n'auras pas d'autres dieux devant ma face…Je suis un Dieu jaloux… ». Il n'accepte pas de cœur partagé, pas de doctrine mélangée, pas de service séparé ou divisé.

Révisons :

- L'église catholique déclara qu'elle est fondée par et sur Saint Pierre, celui-ci fut son premier pape installé par Jésus Christ lui même.

- Elle détient le pouvoir absolu garanti par une déclaration de Jésus, d'où une autorité souveraine, majestueuse.
- Elle a 2 sources de révélation : les croyances des conciles et la Bible.
- Elle est la seule autorisée à donner la vraie interprétation de la Bible.
- La Bible est subordonnée à l'église Romaine qui en fait l'interprétation véritable.
- Le pape est l'autorité suprême de l'église ...Tous ceux qui croient autrement sont anathèmes.

A force d'entendre de telles croyances et de les répéter, depuis le IVème siècle jusqu'à nos jours et de génération en génération, on finit par croire que c'est la vérité biblique. A moins, bien sûr, qu'on se donne la peine de consulter la version authentique de la Bible pour voir que ce qui se répète n'est même pas une demi vérité. En effet, si nous consultons la Bible nous pouvons lire que le salut ne nous est accordé que par grâce, par la foi seule et seulement à travers Jésus Christ. Rappelons-nous que tout texte pris hors de son contexte n'est qu'un prétexte. Les réformateurs croyaient que l'écriture pouvait expliquer l'écriture.

« *Tu es Pierre et sur cette pierre je bâtirai mon église....* »

Dans ce texte de Mat. XVI, aux versets 18, 19, nous remarquerons que les mots sont différents, le premier mot grec « **Petros** » Pierre représente Pierre, le disciple de Jésus Christ, le second « **petra** » est un nom commun pour designer rocher. Le pouvoir accordé ici est consigné à l'assemblée de Dieu, à son dirigeant qui agit en conformité avec la parole de Dieu. Elle ne veut en aucun sens signifier qu'un humain — Pierre — avait le pouvoir absolu sur l'église et que Dieu allait immédiatement cautionner, approuver tous les actes de Pierre. C'est si vrai que dans le même chapitre, IV le verset suivant, Mat. XVI, 23, Jésus dit à ce même disciple Pierre « Arrière de moi, Satan ! Tu m'es en scandale ; car tes pensées ne sont pas les pensées de Dieu, mais celles des hommes ». Pierre lui-même affirma en I Pi II, 4, 6, et 8 que Jésus Christ est la pierre vivante, la pierre angulaire de l'église. Et celle-ci n'a pas plein pouvoir de faire comme elle veut et obliger Dieu à ratifier ses actions bonnes ou mauvaises, ses abus, ses corruptions, ses démarches politiques, sa politicaillerie, ses alliances hypocrites, ses crimes, ses sacrilèges. En Eph. II, 20, Paul élabore amplement sur l'idée convenable en disant « vous avez été édifiés sur le fondement des apôtres et des prophètes, Jésus Christ lui-même étant la pierre angulaire ». Ceci est en harmonie avec le texte trouvé en Act IV, 11 « Jésus est la pierre rejetée par vous qui bâtissez, et qui est devenue la principale de l'angle ». 1 Cor. X, 4 «…ils ont tous bu le même breuvage spirituel, car ils buvaient à un rocher spirituel qui les suivait, et ce rocher était Christ ».

Eph. I, 22 « Il a tout mis sous ses pieds, et il l'a donné pour chef suprême à l'Église ».

L'église n'est pas un corps diplomatique. Le Pape n'est pas un envoyé du ciel doté d'une immunité diplomatique, libre de faire ce qu'il veut et obliger le ciel à endosser ses exactions. En Act XVII, 30 « Dieu annonce à tous les hommes qu'ils aient à se repentir ». Rom. III, 19 « …Que tout homme soit reconnu coupable devant Dieu… ». La Bible déclare aussi en II Cor. IV, 4 que le dieu de ce siècle a aveuglé l'intelligence des incrédules. Comment un Dieu si pur, si juste, qui déclara en Es XLII, 8 «Je ne donnerai pas ma gloire à un autre… », allait-il donner sa place à un homme pécheur, ou lui accorder le pouvoir absolu sur son église ? L'homme, cet être dont le cœur est désespérément malin et tortueux, sujet à toutes sortes de partialités et de corruptions, aurait donc le monopole du salut ? On ne peut s'imaginer les conséquences. C'eut été le népotisme, la gérontocratie, les coups d'état, l'empoisonnement, etc. Si tel était le cas, l'homme le vendrait, l'accorderait seulement à ceux qui le flatteraient et feraient ses quatre volontés. C'est exactement ce que fit Rome par les persécutions, l'inquisition, la vente des indulgences, etc.

Grâce à des mésinterprétations de ce genre, les déviations des saints oracles, le pouvoir de la Rome papale s'étendra pendant des siècles, voire des millénaires au cours desquels il fera preuve d'une arrogance extraordinaire, au point de persécuter, d'œuvrer pour éliminer, lapider, décapiter, envoyer au bucher tous ceux qui osèrent (et oseront) questionner son dictat. L'avenir sera-t-il différent ? C'est dans cet esprit que le Concile de Trente publia sa série : « Si quelqu'un dit….qu'il soit anathème ! ».

En d'autres termes, les réformateurs sont tous des anathèmes, c'est-à-dire maudits pour s'être arrogé le droit de questionner le Saint Siège qui se fit l'illusion de remplacer Dieu. Martin Luther est maudit pour avoir osé dire que le Pape et les Conciles pouvaient et savaient errer. Alors nanti de leur autorité qu'ils se sont appropriés, ils donnent les interprétations qu'ils veulent à la Bible. Ils condamnent, excommunient, et exécutent tous ceux qui n'acquiescent pas béatement à leurs interprétations, lesquelles sont souvent truffées d'erreurs, mélangées de pratiques païennes introduites à l'église depuis l'époque de Constantin. A ces croyances erronées et effrontées, la Rome papale va ajouter tout un ensemble de pratiques anti-bibliques pour lesquelles elle aura toujours une explication.

Par exemple quand on lui demande : Pourquoi placez-vous les images des saints à l'église et permettez-vous que les fidèles se prosternent et les adorent, contrairement à ce qui est prescrit au vingtième chapitre du livre d'Exode ? Rome répondra que la vénération des icones, le culte des images a pour but d'apprécier leurs services et à les honorer. L'église catholique rappelle le comportement de Caïn qui - en Gen. IV - au lieu d'offrir un sacrifice vivant, décida de présenter des fruits de la terre. Puis, il se fâcha parce que Dieu n'approuva pas son offrande mais celle d'Abel. Au lieu de se repentir, il se jeta sur son jeune frère et commit le premier fratricide de l'histoire humaine et osa dire à Dieu : *« Suis-je le gardien de mon frère ? »*

L'église Catholique semble souffrir du « syndrome de Saül ». En effet, selon I Sam XV, Dieu intima à Saül l'ordre d'aller détruire tous les Amalécites sans exception. Mais Saül non seulement décida d'épargner les vaux gras, le roi des Amalécites qui aurait du être le premier à être éliminé, Saül eut le toupet en voyant Samuel de se réjouir en lui disant « Sois béni de l'Éternel ! J'ai observé la parole de l'Éternel »… Quand Samuel lui dit « Qu'est-ce donc ce bêlement de brebis qui parvient à mes oreilles, et ce mugissement de bœufs que j'entends ? ». Au lieu de se repentir, Saül déclara « le peuple a épargné les meilleures brebis et les meilleurs bœufs afin de les sacrifier à L'Eternel, **ton** Dieu » Et Samuel de répondre : « L'obéissance vaut mieux que les sacrifices. Et l'observation de sa parole vaut mieux que la graisse des béliers. »

La Rome papale continue à avoir ce même comportement jusqu'à nos jours. D'ailleurs elle se déclare infaillible, incontestable, inamovible, et parfaite. Alors que la Bible nous dit clairement que tout ce que l'homme fait est souillé, entaché de péchés (Es. LXIV,5). Du IVème siècle pour aboutir au XVIème siècle, Rome accumula un nombre considérable de déviations, d'hérésies, et d'apostasies. La façon dont Tetzel vendait les indulgences était donc la dernière goutte pour faire renverser le vase.

En résumé :

L'église catholique romaine, se croyant détentrice unique et souveraine du salut, adopta toute une série de croyances saturées de demi-vérité. En harmonie avec la Bible, les réformateurs déclarèrent que le salut de l'homme s'obtient seulement par la grâce, seulement par le moyen de la Foi et uniquement par Jésus Christ. L'église catholique répond qu'elle a toujours cru et elle continue à croire — elle aussi — que la foi, la grâce et Jésus Christ sont nécessaires pour le salut humain. Elle dit vrai ! Cependant, ses déclarations à ce sujet sont nuancées. Il y a tout un monde de différences dont dépend votre destinée éternelle. Jetons un coup d'œil sur le tableau comparatif ci-dessous mentionné ; tableau qui met en parallèle ses croyances fondamentales avec celles de La Bible, épousées par les Réformateurs.

Bible Et Réformateurs	L'église Romaine
Foi seulement	Foi et Œuvres
Grâce seulement	Grâce et Mérite
Christ seulement	Christ et apport personnel
Justification imputée immédiatement	justification toute la vie et au-delà
Confession à Dieu par Jésus Christ	confession aux prêtres
Salut en Jésus Christ	hors de l'église, pas de salut
Christ et sa parole : vrai trésor	trésor/fontaine de mérites
Dieu : autorité suprême	Église : autorité suprême

Les indulgences au cœur du salut de l'église catholique romaine

Cher lecteur, ce conflit ne peut pas être pris à la légère. Il y va de la destinée éternelle de chacun. Face à ce grand dilemme incontournable qu'est le péché, la question brulante demeure : comment s'en débarrasser ? Comment peut-on comparaitre par devant le trône d'un Dieu pur et juste qui est omniscient, omniprésent et omnipotent ? Après de sérieuses études, les réformateurs ont conclu que seul Jésus Christ peut sauver. Nous devons l'accepter par la foi seulement et seulement par sa grâce. Une fois que nous l'acceptons, sa justification nous est imputée et dorénavant nous nous engageons sur la route de la sanctification, c'est-a-dire, nous ne pouvons plus continuer à donner priorité à nos désirs, et à nos penchants charnels. Nous nous sanctifions et progressons sur la voie du salut.

L'église catholique elle même déclare que la foi est nécessaire. Elle est fondamentale, mais la justification débute avec **le baptême,** qui vous donne une infusion de la grâce divine et vous met dans le plan de sainteté, de justification inhérente qui est un programme qui se poursuit pendant toute la vie et même dans l'au delà. S'il vous arrive de perdre cette justification obtenue par le baptême en commettant un péché mortel, l'autre chance accordée est **la pénitence** (procédé par lequel le fidèle vient dans le confessionnal, il confesse ses péchés, le prêtre lui dit « Te absolvo », puis prescrit au fidèle ce qu'il doit accomplir pour parachever sa pénitence. Il faut donner des **aumônes** aux pauvres et faire des **dons** généreux à l'église)

Il faut s'assurer qu'on ne meurt pas en état de péché mortel, si oui on va tout droit en enfer. Sur le lit de mort, on a recours à l'extrême onction. Généralement, **selon les croyances catholiques**, à part de rares exceptions, quand on meurt, on va au purgatoire pour purger ses péchés –excepté le péché mortel–. Le séjour au purgatoire dépend de la somme de péchés accumulés avant sa mort. Pendant qu'on est au purgatoire, les parents et les bien-aimés du défunt peuvent écourter ou interrompre son séjour par des indulgences faites dans l'humilité et la contrition de cœur. Le prêtre, en harmonie avec l'autorité reçue de Saint Pierre peut absoudre le pécheur et l'envoyer au ciel avec les prières des saints et des anges.

L'église catholique se croit tellement puissante qu'elle détient une banque de mérite, « un trésor de mérite ». La trésorerie de mérites suppléés par Jésus Christ, ses parents, plus précisément la Sainte Vierge Marie, et quelques autres saints. Quand on offre donc le service d'indulgences en faveur du mort, les autorités de l'église peuvent aller puiser au « trésor des mérites » pour l'appliquer au compte de ce défunt et ainsi le faire sauter du purgatoire pour aller tout droit au paradis. Donc la justification pour les catholiques est donnée par les sacrements, tels que le baptême, la pénitence... La justice de l'homme est une « justice inhérente » (intrinsèque), et la grâce divine lui est « infusée ». Fait étrange, les réformateurs n'avaient pas protesté jusque là. C'est cette affaire d'abus de vente d'indulgences qui porta Luther à prêter plus d'attention et à vouloir réviser toutes ces pratiques dans une discussion académique en Latin, pas nécessairement pour le grand public. Il voulut simplement redresser un tel abus, mais non une séparation de l'envergure que vous et moi connaissons.

La justification est imputée et scellée par Christ, le pan indispensable et unique. Quand l'église catholique voulut bâtir la Basilique de Saint Pierre, Le Prêtre Tetzel — l'agent spécial désigné à cette tâche — n'hésita pas à dire aux paysans que s'ils donnaient de l'argent pour la basilique, et des aumônes aux pauvres, cela contribuerait à hâter l'entrée de leurs bien-aimés dans le paradis. On comprend donc que les croyants de l'époque pensaient que leur salut était entre les mains des prêtres et dépendaient de leurs œuvres. Un tel message était contraire aux saintes lettres.

Comprendre cette différence est indispensable parce qu'il y va de notre parcours eternel. **Il ne faut pas médire d'une église, ou d'une religion parce qu'on ne l'aime pas. On ne doit pas non plus y rester seulement parcequ'on l'aime.** On doit s'affilier à une dénomination à partir des critères définis par les Saintes Écritures. Il faut analyser le comportement de l'Église catholique romaine qui se dit et se croit **infaillible**, tout comme il faut analyser la doctrine de chaque église chrétienne. L'église catholique se déclare autorisée à faire sa propre interprétation de la Bible ; accorder autant d'importances aux coutumes, aux traditions qu'a la Bible. Elle se croit être la vraie église parce qu'elle se déclare la plus ancienne. Elle va jusqu'à croire que Dieu cautionne automatiquement tout ce qu'elle fait parce que le pape est le vicaire du fils de Dieu, son remplaçant sur la terre doté de tous les pouvoirs. Le pape se croit être l'arrière fils de Saint Pierre qui lie et délie comme il veut, qui envoie en enfer, au paradis ou au purgatoire comme il veut.

Selon la Bible, le salut de l'homme dépend uniquement de Christ. Il s'obtint seulement par grâce, seulement par le moyen de la foi. Mais Rome ajoute qu'il faut les sacrements, les aumônes, les œuvres méritoires. Donc Jésus est un « facilitateur ». Les réformateurs disent non. **Seul Jésus sauve**, uniquement par le moyen de la foi, et seulement par grâce. C'est un don de Dieu. Et vous, cher lecteur, qu'en dites-vous ? Le choix est clair. Choisissez ! Pour Dieu, il n'existe pas de demi-vérité.

D-Vue synoptique de la réforme :

A partir du XIVème siècle, les tentatives de réforme au sein de la communauté des pratiquants commencèrent par se signaler. Le rôle joué par l'anglais John Wyclif ne saurait être négligé. De plus en plus, les gens commencèrent à prendre conscience non seulement des dogmes religieux mais aussi de leur condition socio économique.

Plus d'un se posèrent des questions concernant certaines croyances, certaines pratiques voire même l'arrogance des responsables ecclésiastiques. Au fil des ans ce qui se disait en secret commençait par devenir audible et de plus en plus fréquent et tenace. Beaucoup d'entre eux furent persécutés et mis à mort par le biais de l'inquisition et d'autres courants religieux y compris les fervents de l'occultisme. Cependant le nombre des insatisfaits ne fit qu'augmenter.

Les questions continuèrent à être soulevées sur plusieurs fronts concernant certaines pratiques y compris l'infaillibilité des dirigeants, le salut par voie sacramentelle, la hiérarchie dans l'église, le rôle d'intercesseurs des officiels de l'église, les vœux monastiques, le célibat des prêtres, le rôle de la Vierge Marie, la vente des indulgences, le purgatoire, les abus ecclésiastiques… Tout cela alimentait le feu de mécontentement contre l'église qui se déclarait souveraine, infaillible et unique détentrice et distributrice de salut, usurpant le rôle divin et sa parole alors que la ligne de démarcation entre le sacré et le profane devenait de plus en plus floue.

A cette insatisfaction chronique, s'ajoutait certains progrès techniques comme: l'imprimerie qui permettait la vulgarisation de la Bible, des issues économiques, culturelles, socio politiques telles le chômage au sein du peuple, la réduction du pouvoir d'achat même chez les nobles face à la prospérité du clergé, les guerres civiles, le désir de certaines populations comme aux Pays-Bas et en Écosse de se révolter, l'occasion pour certains princes de signifier leur indépendance de l'autorité centrale, etc. Tous ces faits eurent leur poids dans la balance pour faciliter l'ampleur de la réforme.

C'est ainsi que le moine augustinien allemand Martin Luther, théologien, professeur d'université, mû par la noble ambition de s'assurer de son salut n'eut de repos ni jour ni nuit et se livra à toutes sortes d'exercices de piété, de dévotion, de jeûne, de pénitence et de théologie, sans vraiment arriver à satisfaire son obsession du salut jusqu'en 1512 où il découvrit en l'épitre aux

Sur le sentier de Sola Fide

Romains que le salut ne s'obtint que par grâce, par le moyen de la foi en Jésus Christ uniquement. Il conclut donc que tout ce dont on avait besoin pour le salut se trouvait en Jésus Christ, dans les Saintes Ecritures et que la justification des pécheurs devant Dieu n'était possible que par le moyen de la foi **sans** les œuvres méritoires, alors que les catholiques préconisaient une justification par la foi et les œuvres. Pour avoir protesté contre le système établi et prôné la réforme, Martin Luther fut donc appelé « Le Père du Protestantisme ».

Il refusa littéralement de se soumettre aux injonctions de l'église à moins que ce fût suivant les dictées bibliques. Il placarda les 95 thèses « Thèses de Wittenberg » sur les portes de l'église du Château de Wittenberg critiquant sans ambages cette pratique de l'église catholique à savoir la vente d'indulgences. Tout le système se ligua contre lui. On lui demanda de se repentir. Il refusa. Il fut excommunié. Traduit par devant l'empereur Charles Quint il prononça ces paroles célèbres : « *Votre Majesté sérénissime et vos Seigneuries m'ont demandé une réponse simple. La voici sans détour et sans artifice. À moins qu'on ne me convainc de mon erreur par des attestations de l'Écriture ou par des raisons évidentes – car je ne crois ni au pape ni aux conciles seuls puisqu'il est évident qu'ils se sont souvent trompés et contredits – je suis lié par les textes de l'Écriture que j'ai cités, et ma conscience est captive de la Parole de Dieu ; je ne peux ni ne veux me rétracter en rien, car il n'est ni sûr, ni honnête d'agir contre sa propre conscience. Me voici donc en ce jour. Je ne puis faire autrement. Que Dieu me soit en aide. »* [4]

Peu de temps après, le mouvement que Martin Luther entama en Allemagne, et Ulrich Zwingli à Zurich, se réalisa à Strasbourg avec Bucer, puis à Paris et Genève avec Jean Calvin. C'est ainsi que la réforme gagna du terrain en Europe. Son expansion se poursuivra par la suite grâce à l'invention de l'imprimerie qui donnera au grand public l'accès à la même source que les dignitaires de l'église. Elle aboutit à une scission entre l'église catholique, et les réformateurs et leurs adeptes. **Sola Fide,** joua un rôle particulier pour les réformateurs. Martin Luther déclara en latin : *«articulus stantis et cadendis ecclesiae»* (c'est la doctrine par laquelle l'église se tient debout ou disparait).

E- L'Essence de SOLA FIDE :

Le concept de SOLA FIDE affirme que l'homme — devenu pécheur par sa désobéissance en Éden et après avoir perdu tout accès aux félicités célestes — trouva en la foi, son unique opportunité de restauration et de réconciliation avec son créateur. Seule la foi dans le sacrifice de Jésus-Christ sur la croix lui donne accès à la vie éternelle. La Bible explique sans ambages que la justice humaine est un linge souillé. Dieu regarde et voit « Tous sont égarés, tous sont pervertis ; il n'en est aucun qui fasse le bien, pas même un seul » (Ps. XIV, 3). Mais il prouve son amour envers nous en ce que lorsque nous étions encore pécheurs, Christ est mort pour nous (Rom. V, 8). Il a porté tous nos péchés, et par sa mort ignominieuse, nous sommes pardonnés. Mais le seul moyen pour nous d'avoir accès à ce salut offert par grâce c'est de l'accepter. Rom. III, 28 stipule : « c'est par la grâce que vous êtes sauvés, par le moyen de la foi…. ».

C'est en vertu de cette notion que les réformateurs du XVIème siècle déclarèrent : **Sola Fide**, c'est-à-dire « la justification par la foi seulement », l'unique moyen d'accepter gracieusement le salut offert par le sang de Jésus Christ, afin de se distancer de la doctrine de l'église catholique de l'époque qui donnait aux œuvres méritoires, aux dogmes tels que la vente des indulgences, et le purgatoire, la même valeur que la mort du Christ pour avoir le salut. Selon **Sola Fide**, il est évident que « tous ont péché et sont privés de la grâce de Dieu » (Rom. III, 23). Car tous les hommes et les femmes sans exception sont des descendants d'Adam et d'Eve, et par conséquent, ils sont tous des pécheurs qui sont condamnés au jugement et à la destruction.

Mais Jésus Christ vint sur cette terre. Il abandonna trône, dignité, gloire, adoration et honneur célestes. Il prit la forme de serviteur, fut humilié et crucifié pour la rançon de la race humaine. Voyez quel Amour ! « Il a été tenté comme nous en toute chose sans commettre le péché » (Héb. IV, 15) afin de nous accorder la vie éternelle. Ce salut qui nous est octroyé vient de Dieu. Notre rôle consiste à l'accepter par la foi. Il ne faut pas le confondre avec le changement qui se fait après l'avoir accepté.

Celui qui change de condition doit être en conformité avec son nouveau statut pour ne pas tomber en disgrâce. Il en est de même spirituellement. L'approche paulinienne est claire « si je vis ce n'est plus moi qui vit…. » (Gal. II, 20). En d'autres termes, la première démarche consiste à prendre conscience de son état pécheur et à accepter le pardon que le Créateur nous offre tous par la foi. La fidélité, l'obéissance, le nouveau comportement, les nouvelles œuvres, tout cela est secondaire au salut accepté par la foi. C'est la foi qui sauve et non les œuvres, si bonnes, si extraordinaires et si multiples soient-elles.

L'acceptation au royaume éternel n'est pas une récompense pour sa nature, son rang social, ou ses bonnes œuvres. C'est plutôt le couronnement de son acte de foi. Le meilleur exemple est celui de l'un des larrons qui certainement eut une vie répréhensible au point où il dut admettre que sa condamnation était juste. Mais il eut assez de discernement pour reconnaitre que Jésus-Christ était différent, était capable de le sauver au point de lui dire, selon Luc XXIII, 42 : « souviens toi de moi quand tu seras dans ton règne ». Cette déclaration suffisait, Jésus-Christ l'accepta et confirma le salut du larron. Ce bandit n'avait rien fait d'autre sinon d'avoir assez de foi que Jésus Christ pouvait faire une différence dans sa vie. C'est cette même foi qui doit convaincre le pécheur qu'il a trouvé grâce aux yeux de Dieu, que ses péchés sont pardonnés, et que ses besoins sont comblés. Alors sa vie ne peut plus être la même. En guise de reconnaissance pour une telle grâce, maintenant il mène une nouvelle vie qui se distingue par son dévouement, sa loyauté, sa gratitude, son obéissance, et sa fidélité. C'est ce que Calvin appelle « **le fruit** » de la foi. En d'autres termes, c'est notre foi, notre confiance notre acceptation de ce salut sans nos œuvres qui nous motivent à être fidèles envers ce Dieu si généreux.

Du temps où l'esclavage était répandu et accepté dans plusieurs pays et communautés, supposons qu'un colon décida de libérer un esclave des liens de la servitude. A cause de sa générosité, la première démarche de l'esclave, devenu libre, consisterait à accepter cette liberté qui devra dicter son comportement ultérieur. Mais la première étape serait d'avoir assez de foi en sa liberté accordée par son maitre. Puis viendraient son comportement, ses actions et tout le reste.

Le concept Sola Fide affirme que l'homme - en sa qualité de pécheur - est à court de mérite pour le salut de Dieu. Mais grâce à la foi, il peut bénéficier de la miséricorde de Dieu et avoir accès à la vie éternelle. Selon Rom. III, 23, la « **theologice certa** » se définit par la justification par la foi sans les œuvres de la loi.

F-Conséquences de la Réforme :

En conclusion, la réforme a permis d'une part aux réformateurs d'affirmer leur concept et l'originalité de leur message ; et d'autre part à l'église catholique de freiner le déclin accentué au XVème siècle pour se regrouper. Le concile de Trente servit pour revitaliser l'église catholique et apporter un renouveau dans tous les domaines de l'institution.

La Réforme permit aux instances religieuses de prêter attention aux Saintes Écritures et à leurs interprétations des vérités bibliques ; permettant d'amortir le choc de « déchristianisation » lors de l'avènement du triomphe de la raison sur la foi au XVIIIème siècle et l'avalanche de la modernité au XIXème siècle. La Réforme semble avoir perdu ses élans avec le mouvement œcuméniste du XXème siècle et le triomphe apparent du sécularisme, du pluralisme et du relativisme qui prédominent un peu partout maintenant. Quoiqu'il en soit, la Réforme nous oblige — nous qui vivons ces moments de questionnement en général — à approfondir les Saintes Ecritures, à examiner les doctrines et à choisir non en vertu de ce que nous voulons faire, ce qui est populaire, ce qui est traditionnel, ou ce que nous avons hérité des ainés, mais d'après les injonctions divines.

Or selon la parole inspirée, le seul moyen par lequel nous pouvons éviter le jugement de Dieu c'est en nous cachant en Jésus Christ. Sa mort nous octroie le pardon pour toutes nos offenses. Sa vie nous accorde une nouvelle vie en lui. Il faut que cette vérité unique soit prêchée à tous. Nous ne pouvons pas placer la foi en notre foi, en notre confiance, en notre grâce, en notre salut en nos actes méritoires. Seul Jésus nous accorde la justification devant le saint trône. Voila un défi au moment où tout tourne autour de la tolérance et la paix à tout prix.

Sur le sentier de Sola Fide

VIII
LES FACETTES DE LA FOI

A-Essai de définition de la foi :

Nous avons parlé de la foi, nous pouvons même soumettre plusieurs exemples de foi, mais la cerner au point de trouver le vocable juste pour la définir n'est pas facile. Selon le petit Robert, la foi vient du latin *fides* et signifie confiance, croyance conviction ; C'est un engagement, un serment, une ferveur, une promesse de fidélité à quelqu'un ou à ses obligations. La foi évoque la droiture, la franchise, l'honnêteté, la loyauté et la persévérance. Voici une déclaration de Luther concernant la foi : « La foi est et, en effet, doit être une fermeté de cœur, qui ne vacille pas, ne cloche pas, ne tremble pas, n'hésite pas et n'est pas paralysé par le doute, mais reste ferme et est sûre de sa position … Car elle sait que la parole de Dieu ne peut mentir »[5]. Héb. XII, 2 révèle Jésus comme l'auteur de cette foi salvifique. Tirée de 1 Cor. XIII, 13, selon les ainés, elle est l'une des vertus théologales.

Le Nouveau Dictionnaire Biblique élabore amplement sur la foi.

Inspiré par le chapitre onze de l'épitre aux Hébreux, il déclare entre autres : « loin d'être une nébuleuse illusion de gens qui n'ont plus les pieds sur la terre, la foi est une tranquille confiance en un Dieu réel, tout puissant et proche, quoi qu'invisible ; elle est une merveilleuse assurance en son amour, en son salut, en sa parole ; elle est faite aussi de crainte respectueuse à l'égard de ses jugements et d'obéissance envers Sa volonté ». Signalons que dans la langue grecque, la foi et la fidélité sont exprimées par le même mot. La foi est donc une question de confiance, d'allégeance, de dévouement, et de fidélité. C'est une conviction implicite, inébranlable dont découle nos actions. C'est la clef qui détermine la relation divino-humaine. Elle n'est pas une simple idéologie, philosophie ou théorie. La foi cristallise la capacité de croire en la réalisation d'une chose déterminée avant qu'elle ne se matérialise. C'est la capacité de voir ce qu'on demande, de palper ce qu'on espère. Elle réclame l'abnégation de soi pour laisser primer le surnaturel en se donnant entièrement, et en se soumettant à la volonté du créateur.

Une telle croyance exige une certaine disposition et une certaine action avant même que cette chose soit physiquement palpable. Elle réclame :
- l'adhésion intellectuelle,
- la conviction émotionnelle, morale et spirituelle,
- Et l'obéissance aveugle aux ordres divins.

La Foi plane au dessus des querelles de chapèles et des divergences religieuses. La foi exacte ne saurait être définie à partir des dogmes d'une église, mais plutôt à la lumière des vérités tirées exclusivement de la parole de Dieu. Elle englobe tant la phase intellectuelle que le coté sentimental, émotionnel de l'individu. Toute doctrine doit être mesurée à la lumière de la foi biblique. Dieu n'accorde pas la foi pour s'attacher nécessairement à une religion mais pour affirmer sa relation avec Lui, notre Créateur.

La définition de la foi est indépendante de notre appartenance religieuse. Elle doit tout transcender pour définir l'homme à partir de son expérience personnelle avec Yahvé selon l'application de la somme de connaissance reçue. C'est Dieu lui même qui facilite cette foi compte tenu de certains facteurs : la prédisposition, la disponibilité, la priorité, le temps investi, l'attitude, le degré d'obéissance, la soumission, le pardon, la connaissance, la sincérité et le dévouement de chacun. La foi véritable est unique. Elle unit le croyant avec son Dieu au delà des dogmes, doctrines qui souvent dépendent des interprétations.

Ces interprétations sont tributaires de plusieurs facteurs : la culture, l'éducation, l'intellect, et la compréhension de chacun. Une telle vision limitée de la foi tend plutôt à diviser et à cataloguer les gens par religion, ou église. D'ailleurs que de fois n'avons-nous pas entendu des gens faire cette question : à quelle foi appartenez-vous. ? Nous devons dépasser cette façon sectaire d'emprisonner la foi. Elle exige un partenariat entre l'homme et Dieu. Jacques nous dit dans son livre, au deuxième chapitre et au verset 19 que les démons croient aussi en l'existence de Dieu et ils tremblent. Il faut plus que la simple croyance, il faut un engagement de plein gré de s'astreindre à opérer selon les critères, et les directives de la foi. La foi est pluridimensionnelle. Elle lie à la fois l'objectivité et la subjectivité, l'action et la contemplation, l'éternel et le temporel, le social et la politique, l'économique et le moral. Elle est à la fois le point de départ d'une relation solide avec Dieu et débouche sur la destination ultime du chrétien. Elle se manifeste à des degrés divers suivant la relation de chaque croyant avec le surnaturel. Elle englobe l'intellect, l'esprit, et le cœur.

La notion de foi est universelle chez les humains si minime soit-elle. Elle se développe suivant le temps et les circonstances de la vie de chaque croyant. La foi incontournable est un idéal à poursuivre, une échelle ascendante à gravir toute sa vie et dont la hauteur et le nombre de marches ne sont pas nécessairement identiques pour tous les chrétiens. La foi permet à la volonté de l'être le plus faible de se fusionner avec celle du Dieu Tout Puissant en vue d'atteindre des sommets insoupçonnés à tous égards. « Cherchez premièrement le royaume et la justice de Dieu.... » (Mat. VI, 33). Le secret réside dans l'humilité, dans la dépendance du Très-Haut pour continuer à se dépasser. La foi est donc un processus perpétuel de soumission à l'influence de l'Esprit, sous la dictée de la parole de Dieu.

L'antithèse de la foi c'est l'infidélité, la trahison, le doute, la rébellion, la propre suffisance, la présomption, l'arrogance, la profanation, le blasphème, le manque de discernement, l'incrédulité, l'incroyance ou la révolte. Ces traits sont antipathiques à la vraie foi. Il ne faut pas non plus confondre la foi avec la spéculation, la tradition, l'héritage ou le patrimoine culturel. D'où la nécessité de se scruter pour savoir si sa foi est irrécusable.

La foi est donc l'élévation de soi au point de croire, d'accepter pour vrai ce qui nous dépasse sans nécessairement en avoir l'évidence ; c'est un mélange de l'intelligence, de la raison, et de la connaissance. Elle dépend de notre état mental, de notre niveau d'éducation, et de notre culture. Mais mieux que tout cela, elle réclame un dépassement de soi qui permet de croire, d'espérer lors même rien ne semble concourir à supporter cette croyance, cette confiance, cet espoir sans pour autant être téméraire et têtu.

Prenons rapidement l'exemple du brillant astronome polonais, Nicolas COPERNIC de (1473-1543), Grace à son génie extraordinaire, il crut, puis pouvait démontrer que ce n'était pas le Soleil qui tournait autour de la terre mais que le Soleil était au centre de l'univers, la Terre tournant autour de ce dernier. C'est un système que l'on appelle l'« **héliocentrisme** ». Sa foi fut reconnue pour vrai.

Nous pouvons aussi parler de Claude Ptolémée, cet astronome et cet astrologue, qui joua un rôle important non seulement en astronomie et astrologie, mais aussi en géographie, en mathématiques, en musique, ou en optique, grâce a son habileté de planer au dessus de ce qui était tangible et universellement accepté en son temps. Voilà des exemples d'hommes qui surent se dépasser et précéder des siècles de progrès scientifiques et techniques. Parallèlement, nous sommes arrivés à un tournant où l'homme doit faire un saut au delà de ce qui se passe dans le monde actuel pour essayer de contempler les choses spirituelles qui ne sont accessibles que par la foi.

B-Les composantes de la foi :

1-Répondre à l'appel de la grâce –

Il est évident que c'est Dieu qui ne cesse de nous parler par tous les moyens possibles et imaginables, faisant pour nous ce qui est hors de notre portée : « C'est par grâce que vous êtes sauvés, par le moyen de la foi, c'est un don de Dieu », (Eph. II, 5.) A un certain moment de notre existence, vous et moi avons pris conscience de notre état délétère, et notre agitation. Nous sommes devenus insatisfaits de notre situation. Nous avons éprouvé le désir de combler un vide, de satisfaire un besoin indescriptible, d'assouvir la soif de notre âme, et nous avons choisi de répondre positivement à l'appel du Créateur. Son Saint

Esprit continue à travailler en notre être, et à nous éclairer. Alors nous découvrons une nouvelle façon de vivre en paroles, en pensées et an actions. Nous prenons goût à marcher dans cette nouvelle voix et nous nous apprêtons à reconstruire notre identité comme un être vivant équilibré. Ceci se fait par le biais de la foi. « Bien aimés, nous sommes maintenant enfants de Dieu. Et ce que nous serons n'a pas encore été manifestes » I Jean III : 2. C'est grâce à la foi que nous pouvons croire que nous obtenons l'absolution de toutes nos offenses, l'affranchissement de toute servitude, et nous sommes devenus de nouvelles créatures. Nous avons une nouvelle espérance, nous voyons la vie différemment. Notre ordre prioritaire change. Nous jouissons d'un changement glorieux car nous acceptons pleinement la justice qui nous est imputée par Jésus Christ à travers la foi par la grâce.

2-Apprendre à connaitre Dieu –

Après avoir répondu à l'appel de Dieu, nous avons l'engouement de mieux le connaitre, d'approfondir son amour et tout ce qu'il a accompli pour le salut de l'humanité en général et pour chacun de nous en particulier. Nous voulons mieux faire, nous voulons mieux vivre. Nous voulons grandir dans la nouvelle direction. Alors comment y parvenir ?

Comme dans une nouvelle relation amoureuse on veut savoir un peu plus. On veut cheminer avec son Dieu - Nul ne peut choisir d'accepter l'offre gratuite du salut et rester statique. Mais pour grandir dans la foi, pour s'engager dans une marche ascensionnelle, le chrétien doit savoir comment le faire et pourquoi le faire aussi. « La foi vient de ce qu'on entend et ce qu'on entend vient de la parole de Dieu » (Rom. X, 17). Pour connaitre Dieu, il faut s'instruire dans sa parole. En même temps, il faut être prudent. L'ennemi de nos âmes s'arrange pour nous distraire et nous confondre. Il nous bombarde avec le plus de bruits possibles tant dans le monde séculier que dans le monde spirituel. Il sème toutes sortes de vents de doctrines pour nous empêcher de boire à la source limpide et pure de la parole de Dieu. Il faut être vigilant, s'engager personnellement et quotidiennement à laisser l'Esprit Saint nous éclairer. Sinon, nous courons le risque de tordre le sens de la parole et dévier de la voie du salut

3-Marcher selon la foi :

— Prouver sa foi ! Il est facile de dire qu'on a la foi. D'ailleurs, tout le monde a foi en quelque chose ou en quelqu'un : pour celle –ci, c'est sa beauté, son intelligence, sa hauteur, sa jeunesse, pour celui-là, c'est sa richesse, son pouvoir, sa popularité, pour une autre catégorie, c'est la philosophie, la science, les progrès de tous genres et dans tous les domaines, voire la théologie. Selon Jac. II, 19, même les démons croient qu'il y a un seul Dieu et ils tremblent. La réalité veut que la foi soit manifeste. Elle oriente toutes nos actions et toutes nos décisions pour devenir un mode de vie qui se cristallise à travers notre être. Hébreux XI mentionne que Noé construisit l'arche, Hénoch marcha avec Dieu, Abraham répondit à l'appel divin et lui obéit, et Moïse contemplât de loin la magnificence et la gloire de Dieu. Le peuple d'Israël devait prouver sa foi en mettant les pieds dans la mer rouge ou en faisant le tour de Jéricho. Elie prouva sa foi en demandant à Dieu de consumer son offrande sur le Mont Carmel…il faut vivre selon sa foi.

4-Partager sa foi :

D'aucuns croient que la notion de foi est une affaire subjective et personnelle. Chacun a son objet et sa cause de croyance. Cette approche semble plaire et calmer la conscience de plusieurs pour leur donner une fausse paix. La foi infaillible n'est pas une affaire privée, c'est un principe caractériel du chrétien qui affirme son appartenance à Christ. Or si quelqu'un est en Christ, il doit le refléter en parole et en actions. Cette foi monothéiste nous oblige d'un coté à veiller sur ce qu'on nous dit (Sola scriptura), et de l'autre coté à mettre en pratique ce que nous apprenons avec conviction comme la vérité et mieux encore à la partager. L'apôtre Paul se plaisait à montrer son zèle, son appartenance au système religieux de son temps. Mais après avoir reçu la vérité sur le chemin de Damas (Act IX), Il fit demi tour et pouvait déclarer en 1 Cor. IX, 16 « Si j'annonce l'évangile ce n'est pas pour moi une occasion de gloire, la nécessité m'en est imposée. Malheur a moi si je n'annonce pas l'évangile ». Il nous dit en Rom. X, 9 à 11 « Si tu confesses de ta bouche le Seigneur Jésus, et si tu crois dans ton cœur que Dieu l'a ressuscité des morts, tu seras sauvé. Car c'est en croyant du cœur qu'on parvient à la justice, et c'est en confessant de la bouche qu'on parvient au salut, selon ce que dit l'Écriture : Quiconque croit en lui ne sera point confus ». Le salut dénote une confiance totale en un Sauveur et aussi l'évidence de sa foi par la confession orale. On dirait que la foi et le témoignage représentent les 2 parties de la même pièce de monnaie. Ils sont donc complémentaires. Celui qui croit confesse aussi cette croyance.

5-Faire face aux épreuves :

Pour avoir décidé de marcher avec le Créateur dans ce monde ingrat et irréligieux, nous devons nous attendre à faire face à toutes sortes de défis, toutes sortes de tentations. Il faut admettre qu'à vues humaines, vivre par la foi est un défi disproportionnel par rapport aux tentations auxquelles nous sommes exposées. Car nous vivons dans un monde différent de celui du commun des mortels, et nous jouons sur un autre clavier. Tout se fait à une autre dimension, souvent étrange à ce monde séculier. Il est plus facile de déclarer sa foi que de la pratiquer de façon réelle. D'un coté, nous sommes tous sollicités par les attraits de ce monde, et de l'autre nous avons le salut offert par Dieu qui exige une autre manière de vivre. Mais le monde est très agressif. Car il est sous la puissance du malin qui lutte contre Dieu. Le monde accepte toutes sortes de compromis. Il a recours à toutes sortes de subterfuges, de sophismes et de faux raisonnements. Mais Dieu n'admet pas de compromis. Mat. XVI, 24 « Si quelqu'un veut venir après moi, qu"il renonce a lui-même, qu"il se charge de sa croix et qu'il me suive ». Cette dichotomie souvent renverse l'équilibre en faveur de cette terre puisqu'il est très difficile de renoncer à soi-même. Il serait même contre nature de se charger de sa croix, car naturellement on veut s'en débarrasser aux dépends des autres.

Melle A. Humbert déclare « Il faut quitter ceux qu'on aime, savoir être mal-jugé, endurer l'injure même, du monde être méprisé » C'est une vie de souffrance et de renoncement. Personne ne veut de plein gré s'engager sur une telle voie. Mais Jésus lui même nous en donna l'exemple. En Philip. II, 6-8 « Jésus Christ, existant en forme de Dieu, n'a point regardé comme une proie à arracher d'être égal avec Dieu, mais s'est dépouillé lui-même, en prenant une forme de serviteur, en devenant semblable aux hommes ; et ayant paru comme in simple homme, il s'est humilié lui-même se rendant obéissant jusqu'à la mort, même jusqu'à la mort de la croix ».

Jésus a consenti à un acte sublime de dépouillement complet de ses attributs célestes pour venir vivre parmi nous, pour devenir l'un d'entre nous, subir un traitement horrible : la mort sur la croix. Un sort que la majorité d'entre nous n'auraient jamais accepté. Il l'a fait afin de nous octroyer ce que nous n'aurions jamais obtenu de par nous mêmes : la vie éternelle. Voila ce que les théologiens appellent **la kénose** (du grec kenosis=renoncement a soi-même), cet acte d'humilité par lequel Jésus consentit à se « vider » de ce qui est divin pour s'humilier devant ses disciples, ses contemporains et tous les hommes afin de les arracher à la destruction éternelle. Après Jésus, les apôtres, les martyrs suivirent son exemple. En 2 Tim. III : 12, Paul déclare que « tous ceux qui veulent vivre pieusement en Jésus Christ seront persécutés ».

La kénose du Christ et l'exemple de nos prédécesseurs doivent nous convaincre de ce que recèle la vie chrétienne. Imaginez un instant, un sportif qui veut dominer sa spécialisation. Le choix indispensable qu'il doit faire est de s'entrainer continuellement suivant un agenda rigoureux, se préparer, apprendre les principes et les observer, et être prêt à remporter la victoire sur tous les autres compétiteurs. Il doit s'imposer toutes sortes de sacrifices et de renoncements pour une couronne, un triomphe passager qui ne dure qu'une saison. Le chrétien aussi a un combat sans merci à mener. Ce combat est d'autant plus sévère car son premier ennemi est lui même. Il doit d'abord lutter contre ses faiblesses, ses penchants, ses mauvaises habitudes. Il doit aussi lutter contre tout ce qui est nocif à son succès dans son environnement. Il faut surmonter les épreuves de toutes parts. Eph. VI, 12 Paul souligne le fait suivant : « nous n'avons pas à lutter contre la chair et le sang, mais contre les principautés, contre les pouvoirs, contre les dominations, contre les autorités, contre les princes de ce monde de ténèbres, contre les esprits méchants dans les lieux célestes ». Ce qui réconforte le chrétien, c'est qu'il n'est pas seul. En Luc XII, 32, Jésus lui même déclara « Ne crains point petit troupeau ; car votre père a trouvé bon de vous donner le royaume ». En Mat. XXVIII, 20 nous lisons : « Je suis avec vous tous les jours jusqu'à la fin du monde ».

Le chrétien ne lutte point contre un autre camarade ou compagnon. Mais tous les chrétiens ont un ennemi commun contre lequel ils doivent tous lutter. Contrairement aux trophées sportifs accordés à un individu ou à une équipe, et qui ne dure pas plus qu'une saison, les chrétiens ont accès aux biens supérieurs qui scintillent et qui dureront pour toute l'éternité. Ils sont accessibles à tous. Nul ne peut les décrire : « ce sont des choses que l'œil n'a point vues, que l'oreille n'a point entendues, et qui ne sont point montées au cœur de l'homme, des choses que Dieu a préparées pour ceux qui l'aiment » (1 Cor. II, 9). Tout est déjà payé par Jésus Christ. Certes, les vicissitudes de cette existence représentent une phase difficile. Mais, Dieu a promis d'être avec nous « jusqu'à la fin du monde ». Il y aura des moments difficiles. Selon Jean XVI, 33 « Vous aurez des tribulations dans le monde ; mais prenez courage, j'ai vaincu le monde ». La foi véritable devra passer par la fournaise des épreuves, à travers la fonderie des tribulations pour être dépouillée de toute souillure. Même après tout cela, il faut être assez humble pour faire sienne cette prière : « Seigneur : augmente-nous la foi » (Luc XVII, 5).

6-Poursuivre la course –

A quoi bon s'engager sur la route, s'imposer tant de privations, s'astreindre a un régime rigoureux, puis abandonner en cours de route. On peut compatir aux souffrances des compétiteurs, sympathiser avec ceux qui essaient, mais on préfère ceux qui poursuivent la course jusqu'à la fin. En Mat. X, 22, le Maître dit : « celui qui persévère jusqu'à la fin sera seul sauvé ». l'histoire sportive fourmille d'exemples d'excellents athlètes qui ont été ravis du trophée tant visé parce qu'ils avaient été fauchés par l'adversité sur la piste de course. On se souvient toujours de ceux qui se sont relevés et ont continué même avec beaucoup de peine, pour atteindre la ligne d'arrivée. Ils y parviennent sous les encouragements et les applaudissements de la foule. S'ils n'ont pas le titre de champion, ils sont tout de même heureux d'avoir poursuivi la course. L'apôtre Paul nous dit « J'ai combattu le bon combat, j'ai achevé la course, j'ai gardé la foi…Désormais la couronne de justice m'est réservée… » Dans cette course la plus importante pour chacun de nous, il n'est pas question de finir avant les autres, il importe seulement de rester fidèle et de terminer sa carrière avec son Dieu, celui qui donne à chacun sa récompense. Dans la course chrétienne, Dieu tient compte du point de départ, du cheminement de la foi, du parcours et du point d'arrivée. D'ailleurs, il nous accompagne à chaque phase de ce pèlerinage. Jésus l'a éloquemment illustré dans la parabole des ouvriers embauchés à des heures différentes trouvée en Mat. XX, 1-16. Cette parabole met en relief la libéralité et la bonté du grand propriétaire, Jéhovah lui-même, qui accorde à chacun le salut éternel, ce dont il a le plus besoin. Nous sommes tous invités à devenir membre du Royaume éternel. Chacun de nous a des talents, des dons, une personnalité, un tempérament et un caractère différents. Dieu les gère tous à la fois selon son amour, sa miséricorde, sa générosité et sa justice. Quel merveilleux Sauveur !

En résumé, la foi irrécusable, basée sur Jésus Christ, est la clef pour le salut. Elle exige qu'on sache qui est Jésus Christ, la vie qu'il mena quand il était sur cette terre, quelle fut sa mission, comment le suivre et quelle est sa commission pour chacun de nous. Cette démarche engage l'être entier : l'intellect, le sentiment, la volonté, l'action, la soumission, la certitude, la conviction et la croyance.

IX
LES AFFINITÉS DE LA FOI

Engagés sur le sentier de la foi, il nous arrive souvent de rencontrer certains concepts qui peuvent servir à renforcer la foi ou à l'affaiblir. Pour grandir dans la foi, poursuivre la cause sans broncher, certains aspects qui agrémentent notre foi méritent d'être considérés. La foi couvre tous les aspects de la vie et doit persister dans les bons comme dans les mauvais jours : dans la joie, comme dans la peine, il faut avoir la foi. Quand nous parlons de moment de peine et de tristesse, dans les situations in extremis voire faire face à la mort, il ne faut jamais s'en départir. D'ailleurs, Alfred de Musset nous résume le sort général du genre humain en disant : « L'homme est un apprenti, la douleur est son maître. Nul ne se connait tant qu'il n'a pas souffert ». En paraphrasant on peut dire que c'est dans l'adversité qu'on peut mesurer la portée de sa foi et vérifier son authenticité.

D'aucuns ont tendance à accuser les croyants de manque de foi quand ils font face aux rudes épreuves de la vie y compris les accidents, les maladies, les adversités de toutes sortes. Une vilaine caractéristique de la culture judéo chrétienne veut que si un malheur vous arrive, c'est parce que vous devez avoir commis un mal quelconque qui aurait déclenché un tel châtiment. Le cas de Job infirme éloquemment cette approche. Nous somme tous pécheurs. Or, « Le salaire du péché c'est la mort » (Rom. VI, 23). Nous sommes tous appelés à souffrir. Jésus, pour nous racheter, dut passer par cette voie de souffrance, de renoncement, de privation et aboutir à la mort. Nul être humain n'en est exempt.

Le coté rationnel de la foi permet de réaliser que généralement, Dieu ne change pas l'ordre naturel des choses pour accommoder un individu. Abraham, Moise et plusieurs autres entretenaient des relations étroites avec Dieu. Pourtant ils devaient tous mourir. Dieu sait pourquoi il fit une exception pour Hénoch et Elie, mais tout homme est mortel. La foi nous permet de nous accrocher à ce que la Bible nous dit dans tous les domaines et dans tous les aspects de l'existence humaine.

La foi et la religion :

A la lumière de la définition de la foi, on peut signaler que dans ce monde - où l'on tend au moins à neutraliser toute ferveur chrétienne manifeste - se profilent deux types de foi : « la foi religieuse » où l'on pratique « la religiosité », c'est-a-dire la foi qui se mesure à partir de ce que dicte sa congrégation, son prêtre, son pasteur, son leader spirituel, et la « foi christocentrique » laquelle se définit uniquement en vertu de ses relations avec son Dieu et l'enseignement de Jésus Christ. Les deux ne sont pas nécessairement mutuellement exclusives. Mais le seul moyen de cohabitation est que celle la soit mesurée à l'aune de celle-ci. La foi vivante permet à chaque chrétien de se tenir debout avec son Dieu quelles que soient les circonstances. Or l'appartenance à une organisation peut parfois pousser vers un certain compromis en dehors des saints oracles. Alors, il faut se rappeler « vaut mieux obéir à Dieu plutôt qu'aux hommes » (1 Cor. XV, 1-9)

La foi et le salut :

« Or, la vie éternelle, c'est qu'ils te connaissent, toi, le seul vrai Dieu, et celui que tu as envoyé, Jésus-Christ ». (Jean XVII, 3). Dieu n'est pas un être visible qu'on rencontre dans un saint siège, quelque part. Son fils unique, la seule source de salut a déjà vécu sur cette terre et œuvre maintenant dans les cieux. Donc l'unique moyen de connaitre Dieu et son Fils est par la foi. La Foi est indispensable au salut, alors que certaines notions spirituelles sont uniquement d'ordre fidélique.

En faisant le don total de sa personne, Jésus Christ a payé pour nous l'amende qu'exigeait la justice de Dieu pour prix de nos forfaits. Nous lisons en Rom. III, 21-24 ce qui suit : « Tous sont gratuitement justifiés par sa grâce, par le moyen de la rédemption qui est en Jésus Christ. C'est lui que Dieu a destiné, par son sang, à être, pour ceux qui croiraient victime propitiatoire, afin de montrer sa justice, parce qu'il avait laissé impunis les péchés commis auparavant, au temps de sa patience, afin, dis-je, de montrer sa justice dans le temps présent, de manière à être juste tout en justifiant celui qui a la foi en Jésus. Où donc est le sujet de se glorifier ? Il est exclu. Par quelle loi ? Par la loi des œuvres ? Non, mais par la loi de la foi. Car nous pensons que l'homme est justifié par la foi, sans les œuvres de la loi. » La foi conduit au salut quiconque la place en Jésus Christ. On peut aussi consulter les textes suivants : Jean III, 16, Marc V, 34, Luc XVIII, 42, Gal. II, 16, III, 26, Rom. III, 28.

La Foi et les œuvres :

La justification par la foi avec l'invitation de montrer sa foi par ses œuvres, apparemment semblent évoquer un certain paradoxe. Selon Aristote, le principe fondamental à tout raisonnement est la non-contradiction. Dans le domaine de la foi, il nous arrive souvent de parler d'un coté de la Justification par la foi seule (Sola Fide), et de l'autre nous disons qu'il faut montrer sa foi par les œuvres. Le christianisme nous met en face d'une série de paradoxes : l'énormité du péché face à l'abondance du pardon, l'ampleur de la grâce ; la miséricorde infinie face à la justice parfaite ; le salut gratuit face à nos œuvres, fruits dignes du royaume des cieux…

Pour éviter de basculer dans le non sens, rappelons nous que les contours de la foi sont vastes et sont délimités par l'au delà. Sola Fide explique clairement que nous ne sommes pas sauvés à cause de ce que nous avons fait, mais seulement par la grâce de Dieu (alors que nous étions encore dans nos péchés…). Mais une fois sauvés, par gratitude, nous nous évertuons à accomplir des œuvres qui dénotent notre nouvelle appartenance au royaume éternel.

Une question se pose souvent :

Comment réconcilier Gal. II, 16, « Néanmoins, sachant que ce n'est pas par les œuvres de la loi que l'homme est justifié, mais par la foi en Jésus Christ, nous aussi nous avons cru en Jésus Christ, afin d'être justifiés par la foi en Christ et non par les œuvres de la loi, parce que nulle chair ne sera justifiée par les œuvres de la loi ». **Gal. V, 6** « Car, en Jésus Christ, ni la circoncision ni l'incirconcision n'a de valeur, mais la foi qui est agissante par la charité » ; et **Jac. II, 24** « Vous voyez que l'homme est justifié par les œuvres, et non par la foi seulement » ?

La réponse est simple. Le croyant véritable obéit non pour avoir le salut ou le mériter, mais parce qu'il est sauvé. Le croyant véritable n'obéit pas par peur, ou bien à cause des rituels, du formalisme, de la routine (comme illustré dans la parabole du pharisien et du publicain, Luc XVIII, 9-14), non plus par son mérite personnel ou sa propre justice, mais il obéit par grâce, à travers sa foi manifestée en Jésus Christ, notre Sauveur.

Il n'existe pas de vrai désaccord entre les textes. La foi agissante est comme une pièce de monnaie. D'un coté se trouve engravée la foi proprement dite qui nous fait accepter le salut par grâce ; de l'autre coté est inscrit notre comportement, témoignage qui scelle et confirme notre appartenance au corps des sauvés. Nos œuvres ne nous justifient point mais confirment notre appartenance à Christ. Qui de nous n'a pas été attiré par l'apparence pompeuse d'un objet de prix pour découvrir que c'est seulement l'apparence qui nous a attiré ; mais qu'au fond il est vil et sans valeur. L'objet en question n'était qu'un pâle reflet de sa valeur réelle. Quel désappointent ! Il doit en être tout autrement pour les pratiquants de la foi authentique.

La Foi et la Loi :

Il nous arrive souvent de répéter ou d'entendre les gens faire l'éloge de la grâce, prôner la caducité de la loi tout en brandissant leur foi en Christ. Le refrain favori est souvent : « Nous sommes sous la grâce et non sous la loi ». Pour défendre leur position, ils évoquent les déclarations de Paul. En effet, un coup d'œil éclair sur les écrits de Paul, plus particulièrement ses épitres aux Galates et aux Romains semblent leur donner raison. Cependant, quand on tient compte de sa vie résumée en Actes XXVIII, 17 : « Au bout de trois jours, Paul convoqua les principaux des Juifs ; et, quand ils furent réunis, il leur adressa ces paroles : Hommes frères, **sans avoir rien fait** contre le peuple ni **contre les coutumes de nos pères**, j'ai été mis en prison à Jérusalem et livré de là entre les mains des Romains ». Si on place ses déclarations dans leurs contextes, Paul reste en harmonie avec tous les textes bibliques, y compris ceux prononcés par Jésus Christ lui même.

En effet, le rôle de la loi n'a jamais été et ne sera jamais de nous justifier ou de nous sauver. Au contraire, la loi est un « pédagogue », un « miroir » pour nous montrer nos écarts et nous porter à nous tourner vers Jésus Christ, le seul capable de nous pardonner. D'ailleurs, la simple idée de chercher l'absolution, évoque l'existence de la loi. Car le péché se définit come étant « la transgression de la loi ». S'il n'existe pas de loi, il n'y pas de péchés non plus. Quand nous acceptons par la foi le sacrifice consenti par Christ pour satisfaire les exigences de la loi, et après avoir été absous par le sang de l'agneau sans défaut, en guise de reconnaissance, nous nous engageons à faire la volonté du Maitre, en mettant en pratique sa loi.

Au Psaumes CXIX, 34-37, David traduit éloquemment l'esprit qui doit animer tout vrai serviteur du Seigneur : « Donne-moi l'intelligence, pour que je garde ta loi Et que je l'observe de tout mon cœur !

Conduis-moi dans le sentier de tes commandements ! Car je l'aime. Incline mon cœur vers tes préceptes, Et non vers le gain ! Détourne mes yeux de la vue des choses vaines, Fais-moi vivre dans ta voie ! » Voila donc l'attitude du vrai croyant. Plaire à Dieu fait ses délices. En Rom. III, 31, Paul dit : « Anéantissons-nous la loi par la foi ? Loin de la ! Au contraire, nous confirmons la loi ».

La foi nous permet de suivre un ensemble de règles, de principes comme des gens régénérés et sauvés. La foi et la loi se complètent. Si celle-ci nous indique la volonté du maitre, celle-là nous donne accès à ce maitre qui aiguise en nous le constant désir de lui plaire.

La Foi et le Miracle :

On est unanime à reconnaitre que le passage de Jésus sur cette terre était marqué par ses miracles et ses prodiges : Des aveugles recouvraient leur vison, des paralytiques sautaient de joie, des muets parlaient, des sourds entendaient…des maladies de toutes sortes étaient guéries. Jésus allait jusqu'à ressusciter les morts. Avant de quitter ce monde, Jésus eut à dire que ses disciples en feraient davantage.

Ceci porte plusieurs à mesurer la spiritualité de quelqu'un en vertu du nombre et de l'éclat de ses miracles. Plusieurs prédicateurs font salles combles à cause de leur réputation de pouvoir faire des prodiges. Mais il y a une marche à suivre, une ligne de conduite qui doit nous indiquer si quelqu'un est vraiment délégué par Dieu pour faire des miracles. La Bible nous dit que les démons peuvent arriver jusqu'a faire descendre du ciel des étoiles (Dan VIII, 10), séduire, s'il était possible, même les élus (Mat. XXIV, 24). Selon Mat. VII, 22, 23, plusieurs de ceux qui seront déçus au jour des rétributions finales mentionneront leurs miracles et leurs prodiges accomplis au nom de Dieu. Mais Jésus leur dira « Je ne vous ai jamais connus ». L'essentiel consiste à rester connecté à la source de la toute puissance. Si vous êtes humbles, sincères et dévoués, Dieu saura décider quand et comment vous utiliser pour faire des miracles, seulement pour sa gloire.

La Foi et la Raison :

Si on reproche à Kant de réfuter l'approche rationnelle de Descartes pour soutenir l'existence de Dieu, sur la liste de ceux qui favorisent la foi figurent des hommes bien équilibrés, doués de logique et de raison, y compris Saint Augustin et Pascal. Ils représentent des échantillons d'hommes bien balancés, raisonnables, doués de logique et capables de faire la différence entre ce qu'ils peuvent appréhender et ce qui les dépasse. Ils n'ont pas renoncé à la dimension religieuse de la notion de foi. Notion innée existant en chaque être humain, stimulé par un désir ardent de croire en quelque chose ou en quelqu'un.

La pensée humaine atteint une proportion énorme au point d'inventer virtuellement n'importe quoi qui n'est pas nécessairement dans les limites de ce qui est réel. Voila pourquoi sa capacité de concevoir Ex.-nihilo peut facilement le porter à confondre l'existence réelle de Dieu avec tout ce à quoi elle «pense» qui n'est pas nécessairement réel.

La preuve ontologique de l'existence de Dieu exige que la pensée ne se limite pas à vouloir cerner un Dieu incernable et inconcevable dans les limites de la pensée humaine, à saisir la différence entre les bornes de sa pensée de l'irréel qui n'est pas réel et de Dieu qui est réel mais invisible et intangible. Arriver à discerner entre le fruit de son fantasme et Dieu, entre les normes du réel, et de ce qui est normal peut paraitre difficile pour certains au point d'aboutir à un niveau pathologique qui les empêche de fonctionner dans un monde réel.

Dans le domaine spirituel, il y a une vérité qui dépasse la raison et le tangible du quotidien, c'est le monde des mystères, des dogmes. Dieu demeure une vérité de l'être qui ne peut être prisonnière de la raison ou de la logique humaine. Cette vérité est innée, elle est une lueur de révélation pour ceux qui sont disposés à l'accepter. Le débat qui veut ou bien rendre la raison servante de la foi, ou bien les trouver complémentaires ne peut être aisément résolue arbitrairement car il faut tenir compte de la culture moderne, la politique, la philosophie, la morale et l'éthique.

L'intensité de la foi dépend de l'acceptation des notions bibliques, surtout celles qui relatent des faits qui sont corroborés par l'histoire. Dieu est l'initiateur de toute démarche fidélique. La Bible nous dit que Dieu créa l'homme. Dieu envoya son fils pour sauver l'homme pécheur. Dieu choisit Israël parmi toutes les nations pour être son peuple et lui préparer un royaume éternel dont l'Israël spirituelle est devenue la principale bénéficiaire.

L'être raisonnable doit d'abord accepter ces faits, et se dire que si toutes ces démarches ont été initiées par Dieu lui même, il vaut la peine que je m'apprête au moins à en bénéficier. Or il arrive que certains refusent à priori toute idée qui les porterait à accepter le concept de l'existence de Dieu alors qu'en même temps ce Dieu possède la latitude d'œuvrer dans leur vie et influencer leurs pensées comme cela Lui plait. Le nœud gordien vient du fait que nous n'arrivons pas à utiliser une formule mathématique ou scientifique qui peut être vérifiée, expérimentée à maintes occasions dans des laboratoires indépendants soit pour donner la preuve irréfutable de l'existence de Dieu, soit pour définir et mesurer la foi de quelqu'un. Avec ce manque de critère humain valide pour déterminer l'objet de ces recherches, nous devons ou bien tout accepter par la foi, ou bien tout rejeter et risquer d'en payer les conséquences éventuelles.

Dieu joue un rôle transcendant spécial pour faire la transition de la raison à la foi. Par exemple, au cours du tremblement de terre meurtrier du 12 janvier 2010 en Haïti, plusieurs membres d'une même famille se trouvèrent sous les décombres d'une maison, certains moururent, d'autres furent gravement blessés, mais une seule d'entre ces personnes eut la vie sauve. Quand on lui demanda comment avait-t-elle pu subsister ? Elle répondit béatement qu'elle n'avait jamais cessé de prier. Alors la question se pose : les autres n'avaient-ils pas assez prié ? Leur manquait-t-il de la foi ? l'âme qui échappa belle, avait-t-elle plus de foi, ou un privilège spécial ? Toute tentative de réponse rationnelle à ce genre de questions nous porte à déboucher sur la spéculation. Le croyant dira que « Dieu seul connait la réponse ». Dans bien des situations, l'attitude convenable est pareille à celle des 3 jeunes Hébreux que nous lisons en Daniel 3 : 16-18 «Schadrac, Méschac et Abed Nego répliquèrent au roi Nebucadnetsar : Nous n'avons pas besoin de te répondre là-dessus. Voici, notre Dieu que nous servons peut nous délivrer de la fournaise ardente, et il nous délivrera de ta main, ô roi. Simon, sache, ô roi, que nous ne servirons pas tes dieux, et que nous n'adorerons pas la statue d'or que tu as élevée. »

La raison de la foi de chacun est une affaire personnelle basée sur son cheminement, ses relations avec le ciel, le temps et les circonstances ; mais par-dessus tout, elle dépend de la détermination d'accepter ce que Dieu décide. Car quelque soit la situation, Dieu a toujours le dernier mot. **Le mot de Dieu est plus grand que toute notre foi.**

La Foi et la Santé –

Si nous remontons à la genèse de la création, nous pouvons remarquer que Dieu eut soin de tout mettre en place, de déclarer que tout était bon avant de créer le premier couple qu'il plaça dans un cadre paradisiaque pour jouir d'une santé parfaite. Cependant, avec le péché et son cortège de maux, l'homme devint victime de toutes sortes de maladies. La science médicale fait des progrès énormes. Hélas, les maladies se multiplient et les moyens de guérison sont limités. Toutefois, tous les croyants sont au courant des guérisons miraculeuses relatées a travers toute la Bible. Les interventions divines ou surnaturelles pour certains montrent que la foi fait la différence. Jésus déclara en maintes occasions que tout dépendait de la foi de celui ou celle qui était malade. Même en plein XXème siècle, plusieurs peuvent témoigner du fait que leurs cas étaient médicalement désespérés, mais Dieu les a guéris. L'apôtre Jacques nous dit que les malades n'ont qu'à appeler les anciens pour la prière de la foi. En III Jean 2 nous lisons : « je souhaite que tu prospères à tous égards et que tu sois en bonne santé, comme prospère l'état de ton âme ». Le but ultime consiste à jouir d'une bonne santé dans tous les domaines. L'être équilibré jouit d'une santé physique, mentale et spirituelle. Notre corps est le temple du Saint Esprit. Nous devons en prendre soin en suivant les principes de base de la santé.

Tout individu sensé doit faire halte et repenser sa façon de vivre. Il découvrira la nécessité de retourner instamment à la notion simple de la santé. Toute vie saine, bienfaisante, utile et pleine d'énergie dépend des éléments suivants : l'eau, l'air, la nourriture, le soleil, le repos, les exercices physiques, la propreté, la recréation, la méditation, et quand nécessaire, les médicaments.

Conseils pratiques pour les hommes.

Avec le poids des ans, le risque de tomber malade augmente. Aussi une évaluation régulière s'avère-t-elle nécessaire pour tout homme âgé de 40 ans ou plus. À partir de 55 ans, l'examen annuel, ou aussi souvent que le médecin le conseille, doit être la norme. Les tests de routine comprennent, outre l'examen général, l'examen digital du rectum et la palpation de la prostate, la prise de tension, les tests sanguins (cholestérol, sucre, anémie, etc.), l'électrocardiogramme, l'évaluation pour le glaucome, les analyses d'urine et de selle, la colonoscopie et l'endoscopie suivant le cas. Si quelqu'un par exemple était un fumeur et développe une toux chronique, d'avis médical, une radiographie des poumons s'impose.

Conseils pratiques pour les femmes.

Il en va de même pour les femmes. Les mêmes tests suggérés aux hommes leur sont aussi indispensables, à part bien sûr l'examen de la prostate qui reste une affaire proprement masculine. Quant à la mammographie, son importance n'est plus à démontrer. Il en est de même pour le test de Pap.

Tout compte fait, notre santé est, à bien des égards, entre nos mains. Le bonheur de disposer d'une bonne santé donne de l'enthousiasme. Quand une personne perd sa santé, aucun succès financier, aucune puissance, aucun honneur ne peut la compenser. Il faut prendre la résolution dès maintenant de contribuer à améliorer ou à maintenir sa santé. Pour ce faire, voici quelques étapes à suivre :

– **déterminer l'état actuel de sa santé** : En faire un bilan objectif en tenant compte de son âge, son sexe, sa race, le rôle de l'hérédité et les risques de l'environnement ;

– **identifier les ennemis de la santé** : les mauvaises habitudes, le surmenage, le stress, les contraintes émotionnelles et situationnelles ;

– **évaluer sa diète** : éviter les sucreries, les matières grasses, l'excès de sel et d'alcool, d'épices et d'agents chimiques, contrôler l'appétit. Suivre un régime équilibré, boire de l'eau régulièrement, faire de l'exercice physique. Cultiver des pensées saines, positives. Réarranger son horaire afin de se donner un temps de loisir. Penser aux vacances, au repos (dormir un minimum de 6 heures par jour). Se rappeler que rire, aimer, aider, coopérer, espérer et croire sont d'excellents aliments pour l'être tout entier. Savoir dire non quelques fois. Éviter d'hypothéquer son avenir par un surplus de fardeaux.

La foi ne nous dispense pas des soins médicaux. Dieu est le guérisseur ultime, mais nous devons visiter les gens qualifiés qui peuvent nous aider tant à prévenir qu'a nous aider à gérer les cas de maladie.

La Foi et le Bonheur :

Nous avons tous au moins un lumignon d'épicurisme en nous dont l'éthique philosophique énonce que le plaisir est un souverain bien. Tout homme est en quête de cet état de bonheur constant et de sérénité de l'esprit ; et ceci remonte aux temps immémoriaux. Il y a du bien dans les préceptes des épicuriens qui exhortaient leurs contemporains (disciples et auditeurs) à accepter ce qu'on ne peut changer et à œuvrer pour changer ce qui est en notre pouvoir. La Bible indique clairement que le Créateur nous avait créés pour jouir pleinement de la vie. Mais il faut savoir définir son plaisir. Nous sommes à une époque où l'homme est constamment à la recherche effrénée de la félicité, de l'extase. Cette déformation porte plusieurs jusqu'à se défoncer. Le vrai bonheur ne se trouve qu'en Dieu. Il suffit de lui faire confiance. Il saura prendre soin de chacun de ses besoins. En Es XLI, 10, Dieu dit par le prophète : « Ne crains rien car je suis avec toi ; ne promène pas des regards inquiets, car je suis ton Dieu ; je te fortifie, je viens a ton secours, je te soutiens de ma droite triomphante ». Le psalmiste David déclare au Psaumes I, « L'Eternel est mon berger, Je ne manquerai de rien… ». L'apôtre Paul de surenchérir plus tard en Phil IV, 6 « Ne vous inquiétez de rien ; mais en toute chose faites connaître vos besoins à Dieu par des prières et des supplications, avec des actions de grâces ». Selon la Bible, le serviteur de Dieu est comblé et vit en toute quiétude. Le Maître est toujours prêt pour assurer la protection, le bien-être, la réussite, et la félicité de ses enfants. Il ne réclame que le don total de soi en toute confiance. Hélas ! Que de fois n'oublions-nous pas ces promesses pour laisser le monde définir notre vie. Alors nous nous fourvoyons en ajoutant foi au mirage, voire des illusions funestes.

La Foi et le Succès :

Il est curieux de remarquer qu'on tend parfois à confondre le bonheur avec le succès. La réalité de la vie nous dicte que s'il faut croire aux définitions de ce monde, les deux ne se cumulent pas nécessairement. On peut être heureux sans avoir réussi selon les critères de ce monde, et on peut être malheureux avec tout le succès du monde. Le bonheur est un état d'âme, le succès tant à être mesuré à l'aune des accomplissements personnels. Le succès du chrétien réside dans sa foi en son Sauveur qui sait tout ce dont chacun de nous a besoin pour réussir.

La Foi et les Sciences médico-légales :

Nous sommes tous familiers avec les sciences médico-légales qui, de concert avec « le principe d'individualité », peut aider les enquêteurs à construire le profil, identifier, capturer et traduire par devant la justice les auteurs de crime divers. Ceci est dû au principe du Dr. Edmond Locard selon lequel « tout contact laisse des traces ». Par devant le tribunal divin, nous ne faisons pas parti de la gent humaine placée dans un même panier à la merci de l'humeur capricieuse d'un juge qui peut décider à un moment de faire grâce et l'instant d'après de condamner ou d'exécuter tout le monde.

Si Dieu est tout puissant, il est aussi Juste. Dans sa justice, le profil de chacun est unique. Si les sciences médico-légales ne sont pas à 100% fiables et incontestables, le système judiciaire divin est impeccable. Aucun échantillon n'est perdu, échangé contre un autre, ou contaminé. « L'âme qui pèche c'est celle qui mourra » (Eze XVIII, 4). Or nous sommes tous pécheurs, tous condamnés à la mort. Le prophète Ésaïe nous décrit la situation. En effet nous lisons en Ésaïe LIII, 2-12 : « Jésus s'est élevé devant lui comme une faible plante, Comme un rejeton qui sort d'une terre desséchée ; Il n'avait ni beauté, ni éclat pour attirer nos regards, Et son aspect n'avait rien pour nous plaire. Méprisé et abandonné des hommes, Homme de douleur et habitué à la souffrance, Semblable à celui dont on détourne le visage, Nous l'avons dédaigné, nous n'avons fait de lui aucun cas. Cependant, ce sont nos souffrances qu'il a portées, C'est de nos douleurs qu'il s'est chargé ; Et nous l'avons considéré comme puni, Frappé de Dieu, et humilié. Mais il était blessé pour nos péchés, Brisé pour nos iniquités ; Le châtiment qui nous donne la paix est tombé sur lui, Et c'est par ses meurtrissures que nous sommes guéris. Nous étions tous errants comme des brebis, Chacun suivait sa propre voie ; Et l'Éternel a fait retomber sur lui l'iniquité de nous tous. Il a été maltraité et opprimé, Et il n'a point ouvert la bouche, Semblable à un agneau qu'on mène à la boucherie, A une brebis muette devant ceux qui la tondent ; Il n'a point ouvert la bouche. Il a été enlevé par l'angoisse et le châtiment ; Et parmi ceux de sa génération, qui a cru Qu'il était retranché de la terre des vivants Et frappé pour les péchés de mon peuple ? On a mis son sépulcre parmi les méchants, Son tombeau avec le riche, Quoiqu'il n'eût point commis de violence Et qu'il n'y eût point de fraude dans sa bouche. Il a plu à l'Éternel de le briser par la souffrance... Après avoir livré sa vie en sacrifice pour le péché, Il verra une postérité et prolongera ses jours ; Et l'œuvre de l'Éternel prospérera entre ses mains. A cause du travail de son âme, il rassasiera ses regards ; Par sa connaissance mon serviteur juste justifiera beaucoup d'hommes, Et il se chargera de leurs iniquités. C'est pourquoi je lui donnerai sa part avec les grands ; Il partagera le butin avec les puissants, Parce qu'il s'est livré lui-même à la mort, Et qu'il a été mis au nombre des malfaiteurs, Parce qu'il a porté les péchés de beaucoup d'hommes, Et qu'il a intercédé pour les coupables ». L'Eternel des armées ne fait pas passer l'innocent pour le coupable ou le coupable à la place de l'innocent. Dieu ne nous a pas donnés un visa gratuit pour hériter le paradis. Non ! Que fit-il ? Son propre Fils dut payer complètement le prix de notre désobéissance. Il mourut pour nous. Il descendit en enfer. Dieu « frappa » son propre fils. Il fait retomber sur Jésus l'iniquité de nous tous. Il a **plu** à l'Éternel de briser Jésus Christ par la souffrance (il devait satisfaire l'exigence de la loi du péché). En d'autres termes c'était un moment crucial, les prescrits de la loi devaient être observés, toutes les conditions devaient être remplies, au point où sur la croix du calvaire Jésus déclara : « Père, si tu voulais éloigner de moi cette coupe ! Toutefois, que ma volonté ne se fasse pas, mais la tienne » (Luc XXII, 42). Au dernier moment il cria : « Mon Dieu, Mon Dieu, Pourquoi m'as-tu abandonné ? » (Mat. XXVII, 46).

Ce moment décisif dans la grande controverse était réel. Dieu ne se servit pas de camouflage, de subterfuge, pas de truc théâtral pour déclarer le croyant pécheur juste. A l'issue de cette substitution pénale où Jésus encourut toute « la colère de Dieu » causée par le péché, alors, et alors seulement, la justice divine fut complètement satisfaite. Et il déclare dans sa justice, que « le croyant pécheur est juste ». Oui, car si la justice divine est satisfaite, sa miséricorde reflétée en Jésus Christ l'habilite à déclarer la justification humaine par la foi, au moyen de la grâce. On ne pourra jamais comprendre un tel sacrifice ! Heureusement sous peu nous aurons l'éternité pour l'approfondir au pied du Maitre. Alors nous apprécierons combien les sciences médico-légales font pâle figure devant le système judiciaire divin.

La Foi et le Credo :

Il est curieux de remarquer que souvent quand nous parlons de la foi, nous rencontrons plusieurs textes qui non seulement font mention du « Credo », mais aussi l'examinent et le recommandent. A partir de notre base de « Sola Scriptura » et « Sola Fide », nous nous permettons de ne pas en faire mention puisque nous ne le trouvons pas écrit in extenso dans la version canonique de la Bible. Le credo authentique et universel, c'est toute la parole de Dieu, son application avec diligence, discernement et sincérité.

La Foi et la Prière :

« La prière est la clef dont se sert la main de la foi pour ouvrir les portes du ciel » Voila une façon éloquente dont l'auteure E.G. White se sert pour illustrer l'étroite relation qui existe entre la foi et la prière. On peut passer toute sa vie à prier ; mais sans la foi, c'est un exercice futile. On ne sau-

rait démontrer sa foi sans maintenir une relation intime avec son Dieu. Or cette relation ne se fait que par des prières et des supplications.

Quand l'apôtre Paul fait écho de la déclaration trouvée en Habacuc 2 : 4b, en Rom. 1 : 17 que « Le juste vivra par la foi », la prière est incluse car la prière confirme sa foi. L'intimité que nous procure la foi d'avoir été racheté, nous permet de maintenir la communication étroite et constante par la prière. « Prier sans cesse » (1 Thés. V, 17). D'ailleurs Jésus nous en avait donné l'exemple : avant d'inaugurer son ministère, il jeuna et pria, avant de choisir ses disciples, il pria et nous pouvons trouver d'autres exemples de sa vie de prière. Ce n'était pas parce qu'il n'avait pas de foi ; c'était plutôt sa façon irréfutable de manifester et de maintenir sa foi.

La Foi et la mort :

Dieu dans sa sagesse choisit de faire une exception pour Hénoch et Elie, mais la réalité nous dicte que tout homme est mortel. Abraham est mort, Moise, David, Paul sont tous morts, et même Jésus dut passer par la mort pour la vaincre. A cause de la nature pécheresse de l'Homme, la mort est donc une issue naturelle inéluctable même pour ceux qui ont scellé leur alliance avec leur sauveur. La foi intervient dans la mort de deux façons :

a) pour celui qui est mourant, il doit s'assurer qu'il a accepté Jésus comme son Sauveur. Il faut lui abandonner tout et demander à Dieu de lui faire grâce et de lui accorder cette vie éternelle que le Créateur a promis à tous ceux qui croient et acceptent le sacrifice du Christ pour être sauvés par grâce.

b) pour ceux qui doivent assister au départ de leurs bien-aimés, c'est une rude épreuve. La foi leur permet de se consoler à l'idée que la mort est un sommeil pour les enfants de Dieu en attendant le moment dont Paul nous a parlé clairement en 1 Cor. XV, 52-58 « Voici, je vous dis un mystère: nous ne mourrons pas tous, mais tous nous serons changés, en un instant, en un clin d'œil, à la dernière trompette. La trompette sonnera, et les morts ressusciteront incorruptibles, et nous, nous serons changés. Car il faut que ce corps corruptible revête l'incorruptibilité, et que ce corps mortel revête l'immortalité. Lorsque ce corps corruptible aura revêtu l'incorruptibilité, et que ce corps mortel aura revêtu l'immortalité, alors s'accomplira la parole qui est écrite : La mort a été engloutie dans la victoire. O mort, où est ta victoire ? O mort, où est ton aiguillon ? L'aiguillon de la mort, c'est le péché ; et la puissance du péché, c'est la loi. Mais grâces soient rendues à Dieu, qui nous donne la victoire par notre Seigneur Jésus Christ ! Ainsi, mes frères bien-aimés, soyez fermes, inébranlables, travaillant de mieux en mieux à l'œuvre du Seigneur, sachant que votre travail ne sera pas vain dans le Seigneur ». L'essentiel est que chacun se saisisse du salut offert gratuitement par Jésus Christ au moyen de la foi. Jésus Christ dit en Jean XI, 25 « Celui qui croit en moi vivra, quand même il serait mort ». Il est important de scruter la Bible sur ce qui arrive après la mort.

La Foi, la Culture et la Société :

Il serait fastidieux de vouloir définir la culture. Aussi vieux que le monde, ce concept a connu tant de changements. En effet, il fut un temps où la religion jouait un rôle pivot et on la définissait lors comme « tout ce qui pouvait décrire les activités humaines, son mode de vie ». La religion codifiait le « modus vivendi » et le « modus operandi » de toutes les cultures. Si la culture continue à se manifester à travers les rituels, les croyances, la langue, les arts, la musique et la science ; avec le temps, et sous les pressions de la colonisation, l'augmentation de la population, la migration, les transactions commerciales et autres, la signification du mot culture a évolué.

Hier encore, elle reflétait une civilisation, de nos jours nous parlons de diversités de cultures, de cultures régionales. Par exemple ce livre est écrit dans l'optique de la culture occidentale. Fait curieux, la religion n'y donne plus le ton. Au contraire, au cours de ce nouveau millénaire, la religion n'a pas bonne odeur pour plusieurs. Pour s'en convaincre, d'aucuns citent les dégâts causés au nom de la religion, y compris les guerres non avouées qui se poursuivent au Moyen Orient, ou en Afrique ou partout ailleurs ; les croisades, l'inquisition, les bûchers érigés dans le passé ; sans oublier le comportement répréhensible des soi-disant garants du patrimoine qui se transforment en manipulateurs pour suivre leurs propres plans d'action.

Alors de ce fait, on essaie d'éviter la religion pour mieux jouir de sa liberté. Chacun favorise la spiritualité individuelle, les raisonnements personnels. Chacun essaie maintenant de remplacer la religion par une spiritualité syncrétique. Une spiritualité qu'on définit à partir de sa culture. Que dis-je, on favorise ses relations personnelles avec Le surnaturel et l'on proclame le deuil de toute doctrine, toute tentative d'appartenance ecclésiale formelle.

Mais la question cardinale se pose : Puisque la foi doit être nourrie coûte que coûte, et que nul ne peut s'aventurer dans la vie dépourvu de tout repère, où trouver l'enracinement de sa foi ? Peut-on se fier à tout ce qu'on entend, ce qu'on voit, ce qu'on vit ? Les défis de l'existence, le vécu au quotidien, et la culture en général peuvent-ils combler ce vacuum ? Est-ce le modèle anthropologique idéal pour le cheminement spirituel ? Les approches novatrices sont-elles valides dans le domaine de la spiritualité ? Le vrai analyste doit réaliser que notre culture contemporaine est pour le moins paradoxale. D'un coté elle encourage la convivialité, la paix, l'altruisme, les œuvres caritatives, voire le renoncement, le sacrifice au profit de l'autre. De l'autre coté, elle veut percuter toute tentative de kérygme formel sur la moralité, l'éthique ou les vertus, tout en exigeant que les dirigeants s'acquittent de leurs responsabilités fiduciaires.

Une telle approche apaise la conscience en permettant à la foi d'adhérer au mode pluraliste et de se réclamer croyant. Les institutions religieuses plient sous les pressions socio politiques. Elles réduisent la pratique de la religion à la performance au rabais : l'observation de certains principes généraux tels : confesser ses péchés au moins une fois l'an, recevoir l'Eucharistie au moins à Pâques, pratiquer les sacrements comme le baptême, la pénitence, les œuvres de miséricorde corporelle et spirituelle, tout en évitant les péchés capitaux et surtout les 4 péchés qui crient vengeance devant Dieu. Une autre catégorie plaide pour une grâce irresponsable que Dieu semble être désespéré à offrir sans un vrai repentir et un cœur régénéré.

Les réformateurs ne l'avaient jamais compris ainsi. Pour eux la justification pour le salut accordée par Jésus nous est imputée par la grâce, par le moyen de notre Foi en Christ. Nous la recevons, nous l'acceptons, et nous nous engageons à vivre une nouvelle vie.

En 1921, Heidegger écrivit : « Je suis un théologien chrétien ». La première fois que j'ai lu cette phrase je me disais que ce n'était pas nécessaire d'ajouter « chrétien » après « théologien ». Ma réaction était due au fait que je ne connais que le Christianisme, la culture occidentale avec les croyances judéo-chrétiennes. De nos jours, Heidegger serait obligé de rendre sa phrase beaucoup plus longue en la terminant par le mot « pratiquant » (Je suis un théologien chrétien et pratiquant). Pourquoi ? Parce que pour la culture contemporaine, parler de Jésus, de ses démarches salvifiques, son retour pour récompenser ses fidèles serviteurs, du jugement dernier, de la justification par la foi au moyen de la grâce, peut dans bien des cas vous caser parmi les lunatiques, les utopistes, les démodés, les fanatiques, etc. Le moment est crucial pour ceux qui veulent vraiment servir Dieu et lui témoigner son amour.

Il faut redonner à la foi chrétienne sa place initiale. Il faut un réveil spirituel pour regagner la ferveur d'antan. Avec tact, amour, respect et fermeté, nous pouvons harmoniser la foi et la culture, éduquer et communiquer la parole divine, mieux encore il faut la vivre. Il faut une grille morale, des paramètres solides pour montrer aux autres le sentier de la foi. Nous vivons à une époque où la culture chrétienne est enclavée dans la grande culture. Ce qui est à la mode est accepté par tout le monde et imposé à tous. Mais le christianisme doit rester ferme sur le roc qu'est Jésus Christ seul, par le moyen de la foi seulement et obtenu par la foi seulement. Il doit s'imposer comme l'unique culture qui transcende toutes les autres cultures. Le Christianisme doit planer au-dessus de toute appartenance ethnique, toute différence de classe, d'âge, de genre, de profession, de position politique ou de statut socio économique. Le Christianisme pur est la vraie culture dans le creuset duquel toutes les individualités socio culturelles se confondent.

Sur le sentier de Sola Fide

X
LES ATOURS DE LA FOI

Le mot *atours* évoque l'idée de parure, d'ornement, d'accoutrement, d'embellissement ou d'apparence. Il suggère une certaine distinction, une certaine singularité, noblesse d'âme, du bon gout, du bon ton, du beau, du sublime, de l'élégance et de la grâce. La foi en soi illustre tout ce qui est beau et ennoblit celui qui la possède. Généralement, celui qui loge la foi biblique est auréolé de certaines qualités, de certains traits qui semblent exhiber cette foi sans même le réaliser. Sans avoir la prétention de les identifier toutes, voici quelques unes des qualités qui font bon commerce avec la foi.

a) la crainte de Dieu : Avec les menaces de tout genre qui se multiplient de toutes parts et l'état d'alerte qui semble se perpétuer, nous vivons l'ère de l'anxiété, de l'angoisse, du stress et de la peur. La peur en général fait partie de la vie humaine. Certaines peurs trouvent leur origine dans notre imagination fertile. La liste des phobies est très impressionnante. D'autres sources de peur proviennent de certaines actions, certaines conditions, et certaines expériences dont il convient de trouver la résolution. L'expression « *crainte de Dieu* » n'a rien à voir avec la peur qui parfois peut devenir pathologique. Au contraire, la *crainte* de Dieu peut libérer de la peur. Comment ?

La crainte de Dieu est le résultat d'une prise de conscience dans laquelle l'être humain, réalisant son néant face à la grandeur divine, l'énormité de son pouvoir, l'immensité de son amour et la profondeur de sa miséricorde déclare : « Dieu tout Puissant que tu es grand ! » Puis il fait sien le psaume de David au chapitre VIII, 1-10 « Eternel, notre Seigneur ! Que ton nom est magnifique sur toute la terre ! Ta majesté s'élève au-dessus des cieux. Par la bouche des enfants et de ceux qui sont à la mamelle Tu as fondé ta gloire, pour confondre tes adversaires, Pour imposer silence à l'ennemi et au vindicatif. Quand je contemple les cieux, ouvrage de tes mains, La lune et les étoiles que tu as créées : qu'est-ce que l'homme, pour que tu te souviennes de lui ? Et le fils de l'homme, pour que tu prennes garde à lui ? Tu l'as fait de peu inférieur à Dieu, Et tu l'as couronné de gloire et de magnificence. Tu lui as donné la domination sur les œuvres de tes mains, Tu as tout mis sous ses pieds, Les brebis comme les bœufs, Et les animaux des champs, Les oiseaux du ciel et les poissons de la mer, Tout ce qui parcourt les sentiers des mers. Eternel, notre Seigneur ! Que ton nom est magnifique sur toute la terre ».

Craindre Dieu, c'est le respecter, l'honorer, lui accorder une place de choix. La foi en découle et supporte une telle approche et en bénéficie. On développe la confiance en ce Dieu, la dépendance envers ce Souverain. La crainte de Dieu procure la paix, la sécurité, la sérénité et l'attitude positive quelles que soient les circonstances. Prov. I, 7 déclare : « La crainte de l'Éternel est le commencement de la sagesse ; » Cette sagesse nous donne l'engouement de suivre ses ordonnances pour jouir de tous ses bienfaits. « Oh ! s'ils avaient toujours ce même cœur pour me craindre et pour observer tous mes commandements, afin qu'ils fussent heureux à jamais, eux et leurs enfants ! ». Ce texte de Deut V, 29 l'illustre bien. Nous lisons aussi en Sophonie III, 7 « Je disais : Si du moins tu voulais me craindre, Avoir égard à la correction, ta demeure ne serait pas détruite, tous les châtiments dont je t'ai menacée n'arriveraient pas ; mais ils se sont hâtés de pervertir toutes leurs actions ». Donc l'antidote à toutes nos peurs, toutes nos hésitations, toutes nos tribulations consiste à avoir la crainte de Dieu qui traduit notre foi en lui et en lui seul, notre confiance en sa sagesse, ses plans et son agenda pour notre bien-être tant temporel qu'éternel. La foi agissante est parée de cette crainte de l'Éternel.

b) la connaissance — Il arrive souvent d'entendre proclamer l'incompatibilité, voire la cloison étanche qui doit exister entre la foi et la connaissance. Les ténors d'un tel divorce déclarent que si celle-ci relève du domaine du réel et de la logique ; celle la procède de la spiritualité, notion vague et subjective pour le monde séculier. Quand nous consultons les saints oracles, nous lisons ces versets : Rom. X, 14-18 « Comment donc invoqueront-ils celui en qui ils n'ont pas cru? Et comment croiront-ils en celui dont ils n'ont pas entendu parler ? Et comment en entendront-ils parler, s'il n'y a personne qui prêche ? Et comment y aura-t-il des prédicateurs, s'ils ne sont pas envoyés ? Selon qu'il est écrit : Qu'ils sont beaux Les pieds de ceux qui annoncent la paix, De ceux qui annoncent de bonnes nouvelles ! Mais tous n'ont pas obéi à la bonne nouvelle. Aussi Ésaïe dit-il : Seigneur, Qui a cru à notre prédication ? Ainsi la foi vient de ce qu'on entend, et ce qu'on entend vient de la parole de Christ. Mais je dis : N'ont-ils pas entendu ? Au contraire ! Leur voix est allée par toute la terre, Et leurs paroles jusqu'aux extrémités du monde ».

En I Tim. II, 4, Paul dit « Dieu notre Sauveur veut que tous les hommes soient sauvés et parviennent à la connaissance de la vérité » Donc la dichotomie n'existe pas vraiment entre la connaissance et la foi. Au contraire, elles se complètent. La connaissance se définit ici comme « ce dont on se souvient de tout ce qu'on a appris ». Comment peut-on prôner sa foi sans avoir assez de connaissance pour la défendre. Dans le cas contraire on risque d'aboutir au fanatisme, à la frustration.

La foi équilibrée et éclairée est acquise par ce qu'on a vu, appris, vécu et entendu. La connaissance n'est pas seulement l'habilité de cerner le réel, le concret sinon il n'y aurait aucune invention basée sur l'inspiration et l'imagination. Elle réclame aussi une certaine dose de disponibilité, de motivation, de bonne foi et de largesse d'esprit. La connaissance englobe la science, la logique et l'analyse des faits. Elle est une aventure éclairée, un investissement dans lequel l'homme doté de discernement arrive à absorber ce qu'il filtre à travers le tamis de son intelligence. La foi n'est pas non plus mécanique. Elle n'est pas une simple conformité béate pareille à l'enfant qui, privé de l'élément volitif, apprend par cœur une leçon pour aller la débiter par devant son professeur sans en comprendre le sens. La foi est active et engageante. Elle est intelligente. La foi réclame un minimum de bon sens, de discernement, et c'est là qu'elle fait bon ménage avec la connaissance. Pierre adresse les croyants en ces termes « étant toujours prêts à vous défendre, avec douceur et respect, devant quiconque vous demande raison de l'espérance qui est en vous ». L'apôtre Jean nous dit : « Bien-aimés, n'ajoutez pas foi à tout esprit ; mais éprouvez les esprits, pour savoir s'ils sont de Dieu, car plusieurs faux prophètes sont venus dans le monde ». En Eph. III, 8-10 « A moi, qui suis le moindre de tous les saints, cette grâce a été accordée d'annoncer aux païens les richesses incompréhensibles de Christ, et de mettre en lumière quelle est la dispensation du mystère caché de tout temps en Dieu qui a créé toutes choses, afin que les dominations et les autorités dans les lieux célestes connaissent aujourd'hui par l'Église la sagesse infiniment variée de Dieu ». La foi exige donc de la connaissance, de l'enseignement et de la révélation. On ne peut pas croire à n'importe quoi. Il faut lire, entendre, expérimenter, raisonner et déterminer si c'est la vérité salvifique dont son âme a vraiment soif.

Comme une force phosphorescente, la connaissance nous permet de choisir et en même temps de cimenter notre foi et d'infirmer toute velléité de doute. La foi n'est pas cette manifestation magique qui d'un coup fait irruption. Il faut de la connaissance, de la sagesse pour déceler, analyser et décider — sous l'influence de l'esprit — de croire et de ne pas croire. C'est cette connaissance qui alimente la flamme de la foi. La foi englobe tous les domaines de notre existence, elle détient également le pouvoir curatif du soutien émotionnel face aux défis qui nous assaillent au quotidien. Ceci est possible grâce à notre maitrise de ce concept et de tout ce qui en découle. La foi exige la collaboration entre l'esprit humain, sa perception en fonction de son niveau de connaissance. La raison, la logique, la compréhension varient avec le niveau de connaissance. La foi exige l'action. Elle est une attitude à adopter ; un comportement. Tout cela est influencé par le niveau de connaissance, sa disposition et son habilité à appréhender ce qui est révélé. Dans le domaine spirituel, la connaissance requise est non seulement basée sur ce qu'on a appris des saints oracles, mais aussi sur notre vécu avec son auteur. Car n'oublions pas l'avertissement tiré de 1 Cor. VIII, 1, selon lequel la connaissance peut enfler notre orgueil. La connaissance dont nous avons vraiment besoin est de toujours languir, soupirer après les instructions divines et cela dans l'humilité. Selon Osée IV : 6, « mon peuple périt faute de connaissance » Cette déclaration de la bouche du créateur revêt une importance princière. La pratique de la foi se nourrit par la connaissance approfondie des écritures en particulier et marche de pair avec un engouement pour le savoir en général. La connaissance libère, ennoblit, enhardit, bannit la crainte et l'anxiété et débarrasse des atermoiements, des hésitations et de la timidité.

c) Le discernement et la sagesse : selon le Petit Robert, le Discernement est la disposition de l'esprit à juger clairement et sainement les choses. Quant à la sagesse, elle désigne le savoir et la vertu d'un être.

Elle signifie également modestie, pudeur, chasteté. Confucius appréciait bien la valeur de la sagesse au point de déclarer : « Celui qui le matin a compris les enseignements de la sagesse, le soir peut mourir content ». Discernement et sagesse, voila donc un mariage idéal pour parer la foi de l'habillement du salut. Cette foi est prudente, suffisamment sage pour discerner ce qui est orthodoxe de ce qui ne l'est pas. En Ecc. VII, 10-14, le sage déclare : « Ne dis pas : D'où vient que les jours passés étaient meilleurs que ceux ci? Car ce n'est point par sagesse que tu demandes cela. La sagesse vaut autant qu'un héritage, et même plus pour ceux qui voient le soleil. Car à l'ombre de la sagesse on est abrité comme à l'ombre de l'argent ; mais un avantage de la science, c'est que la sagesse fait vivre ceux qui la possèdent. Regarde l'œuvre de Dieu : qui pourra redresser ce qu'il a courbé ? Au jour du bonheur, sois heureux, et au jour du malheur, réfléchis : Dieu a fait l'un comme l'autre, afin que l'homme ne découvre en rien ce qui sera après lui ». En effet, l'être qui est sage fait montre de prudence, de pondération, et de maîtrise de soi.

Soulignons immédiatement que nous ne parlons pas du «discernement des esprits» (grec : diakriseis pneumatôn), trouvé en 1 Cor. XII, 8-10. nous pensons plutôt à I Cor. XIV, 29, où Paul utilise le verbe grec « diakrinein » qui signifie examiner, juger, faire une distinction, décider, discerner. Il est donc évident celui qui a la foi doit faire montre de jugement, de retenue, et doit connaitre la différence entre la vérité et le mensonge tout en se souvenant que « Satan lui même se déguise en ange de lumière, pour séduire même les élus si c'était possible » (2 Cor. XI, 14).

Nous sommes à un tournant où notre foi est constamment la cible de toutes sortes d'attaques au quotidien. Les informations de toutes provenances et de tous genres nous assaillent. Face aux multiples sollicitations de tous les courants et de tous ordres, le détenteur de la foi qui est avisé se trouve souvent dans l'embarras de faire l'usage de sa « liberté de choisir ». D'un coté Il a envie de « tout sentir, tout connaitre et tout fondre » (E. Vilaire), car il n'entend pas continuer avec le status quo ; il veut dépasser les obstacles, agrandir ses horizons pour atteindre l'idéal que son Créateur lui a fixé non seulement dans tous les aspects de sa vie, mais particulièrement dans ses relations spirituelles.

La vie chrétienne n'a qu'un but, celui de vivre pour son Dieu, et le seul moyen d'y parvenir est Jésus Christ. Il réalise que la foi seule lui accorde accès à ce salut offert uniquement par grâce. Mais comment développer et faire fructifier cette foi. Il lui est impératif de filtrer, sélectionner ce à quoi il est exposé, faire un tri judicieux sans rejeter ce qui peut l'aider, tout en évitant ce qui ne lui est pas profitable. Il questionne même ses propres raisonnements, ses intuitions et les compare à la lumière de la Bible. De l'autre coté, il ne tarde pas à découvrir que non seulement il lui faut apprendre mais « beaucoup d'études est une fatigue pour le corps » (Ecc. XII, 14). Comment faire la synthèse ? D'où la nécessité de développer une approche efficiente pour tirer le maximum de bien être, de profit dans ses recherches, ses dévotions sans se fourvoyer dans les vagues dédales de la philosophie et des inventions humaines. Pour y parvenir, il a besoin de sagesse, et de discernement. En Prov. II, 2-6, il est dit : « Mon fils, si tu reçois mes paroles, et si tu gardes avec toi mes préceptes, si tu rends ton oreille attentive à la sagesse, et si tu inclines ton cœur à l'intelligence; Oui, si tu appelles la sagesse, et si tu élèves ta voix vers l'intelligence, si tu la cherches comme l'argent, si tu la poursuis comme un trésor, alors tu comprendras la crainte de l'Éternel, et tu trouveras la connaissance de Dieu. Car l'Éternel donne la sagesse ; de sa bouche sortent la connaissance et l'intelligence ». Sinon, la possibilité d'être saisi d'un esprit d'égarement demeure très forte. A force de résister, l'impie peut prendre possession de ceux qui persistent dans la rébellion au point de perdre le discernement et croire au mensonge (2 Thés. II, 7-12). Il faut être vigilant et faire montre de bonne foi. I Jean IV, 1-3 « Eprouvez les esprits pour voir s'ils sont de Dieu ».

d) l'Intégrité : Si un jour quelqu'un osait nous faire la question suivante : « Avez-vous jamais commis d'actes pour lesquels vous deviez or devriez rougir ? Combien d'entre nous seraient capables de dire sans hésiter « Jamais ! Aucun ! J'ai toujours été conséquent avec moi-même, honnête, et droit. Ma vie est un livre ouvert en publique et en privé, quand je suis seul ou accompagné, en plein soleil tout comme au sein des ténèbres de la nuit. S'il m'arrive d'errer c'est de bonne foi, sans malice… ».

Nous vivons dans une société où les moralistes se révèlent être les pires immoraux. Ceux qui font le plus de bruit pensent le faire pour couvrir leurs péchés et détourner l'attention des gens pour que nul n'appercoive leur indélicatesse. Cela fait penser à ceux qui voulaient lapider la femme surprise en adultère (Jean VIII, 1-11) La Bible nous campe un homme dont Dieu lui même eut à faire l'éloge. En effet, en Job I, 8, « L'Éternel dit à Satan : As-tu remarqué mon serviteur Job? Il n'y a personne comme lui sur la terre; c'est un homme intègre et droit, craignant Dieu, et se détournant du mal ». Voilà Dieu qui vante la conduite de Job et ses actes irréprochables, pour son caractère pur, son innocence, son objectivité, son honneteté, la probité de sa conduite. Job s'etait lui-meme imposé des contraintes morales, et les rigueurs de l'éthique. Il inspirait le respect, la crédibilité, la confiance, et l'admiration parmi ses contemporains. Certainement les gens de son époque n'etaient pas des anges, Job non plus n'etait pas irrépréhensible. Cependant il personifiait l'intégrité. En effet, l'intégrité, du latin « integritas » signifie préserver l'état initial d'un tout sans altération, être incorruptible, avoir la conscience nette. Elle sous entend l'absence de toute malice, toute magouille, sans être pourtant dépourvu de tact et de forme.

L'être intègre est transparent, indépendent, nuancé et doué de jugement. Il s'acquitte consciencieusement de ses devoirs spirituels et civiques. Il est prêt à défendre le respect, l'équité et la puereté. Il ne cède pas, voire plier sous les pressions des amis, ou de la société, ou du gouvernement, de l'environnement, de la famille. Il ne va même pas laisser ses penchants personnels le porter à dévier de ce qu'il croit et juge être droit. L'homme intègre se dit « si Dieu est pour moi qui peut etre contre moi » (Rom. VIII,31). Par consequent, etant sauvé par grace, par le moyen de la foi, et jouissant de ce don de Jesus Christ, il s'arrange à faire la volonté de son Dieu qui consiste à aimer et prouver son amour pour son Dieu et pour ses prochains. Ce faisant, il répond à l'injonction divine écrite en Gen. XVII,1 « Je suis le Dieu tout puissant. Marche devant ma face, et sois intègre ».

Il croit également aux promesses de salut, de bien-être, de sécurité et de réussite trouvées en filigrane dans la Bible, y compris, Jn XIII,17, Ps. I, 1, 2, Prov. XVI, 20, Ps. XXII, Ps. XXXVII,18,19, Ps. XL, 5, Ps. XLI, 1, 2, Ps. XLVI, Ps. LXXII, 17, Ps. LXXXIV,11, Ps. CXIX, 1, 2, Prov. II, 7, Prov. III, 32, Prov. XXVIII, 18, Apoc. I, 3, Luc XI, 28, Mat. V, 8, etc.

Décidément, d'aucuns peuvent dire que cette intégrité dont nous parlons fait partie des espèces en voie d'extinction, si elle n'est pas complètement introuvable.

Nous sommes à une époque où l'intégrité individuelle, familiale, gouvernementale, scientifique ou théologique semble ne plus exister. L'intégrité de la foi, les valeurs morales, la conscience éclairée et paisible, voire la sainte doctrine ne sont plus de mise. D'ailleurs les enfants grandissent dans une atmosphère de confusion. La vérité est relative. Le mariage, la famille subissent une redéfinition. Les notions de bien ou mal, de vrai ou faux, de juste ou injuste sont devenues floues. En matière de morale ou de spiritualité, il n'y a pas de critères d'évaluation, pas d'évaluateurs impartiaux. Malheureusement, la notion de « fraude spirituelle » n'existe pas. Mais que de fois l'on se demande où est le bon sens, la bonne foi de certains ? Est-ce une phase d'« illusion spirituelle », ou l'orgueil personnel, la pression psychosociale, la personnalité, la popularité, l'esprit de compétition, ou le rayonnement personnel qui prime au détriment de « Sola Scriptura ». Au lieu de prêcher la Bible, plus d'un se fourvoie dans un tas d'amalgames afin d'être classés dans la catégorie « non-denominational ». Ils ne veulent froisser personne. Ils préfèrent favoriser l'acculturation, l'inculturation, la tolérance et j'en passe.

Bien aimés, permettez moi de paraphraser une déclaration du philosophe Paul Ricœur en disant qu' « il y a quelque chose qui est dû à l'être humain du fait qu'il est humain ». Je crois qu'à part la dignité humaine, l'intégrité devrait resurgir au soleil de l'existence de tout humain, du moins l'intégrité spirituelle. Pour y parvenir, il faut retourner à « Sola Fide », « Sola Scriptura », « Sola Gracia », «Solis Christus » et « Soli Deo Gloria ».

Pourquoi doit-on continuer à parler de Joseph, des trois jeunes hébreux, des apôtres et des martyrs ; Pourquoi ne peut-on pas aussi prendre des exemples contemporains pour témoigner de la foi irréprochable ? Hommes frères que devons- nous faire ? Dieu peut-il compter sur nous ?

Oui, la foi est auréolée d'intégrité. **Nous sommes tentés de nous demander si Dieu devait se chercher des hommes aussi intègres que Job à ce carrefour de l'existence de la planète, serait-il en mesure de nous** définir de la sorte : « ce sont des hommes intègres ? Sinon, pourquoi pas en ce nouveau millénaire ?

e) l'amour et l'espérance : En toute justice, il faudrait développer l'amour et l'espérance séparément. Mais nous sommes tous familiers avec ce concept à savoir : La foi, l'espérance et l'amour (charité), selon ce que nous dit St Paul en I Cor. XIII : 13 « Maintenant donc, ces trois choses demeurent : la foi, l'espérance, la charité ; mais la plus grande de ces choses, c'est la charité ». En Rom. V, 5 Paul dit « L'espérance ne trompe point, parce que l'amour de Dieu est répandu dans nos cœurs par le Saint Esprit qui nous a été donné ». Héb. VI, 18 nous dit « Afin que, par deux choses immuables, dans lesquelles il est impossible que Dieu mente, nous trouvions un puissant encouragement, nous dont le seul refuge a été de saisir l'espérance qui nous était proposée ». Il est évident que seul Jésus Christ nous accorde le salut. Nous l'acceptons par la foi. Mais une fois ce salut obtenu, ce n'est pas un germe pour le futur. C'est un fait et nous progressons dans l'arène chrétienne avec le comportement et les actions qui confirment notre appartenance à la famille de rachetés.

D'un tel cheminement se dégagent l'espérance et l'amour. L'espérance se définit par l'habilité de vivre dans la certitude d'atteindre le port grâce au capitaine qui gouverne le bateau, l'auteur d'un si beau salut. Cette espérance se fonde sur la vérité, les promesses bibliques. Car celui qui les a faites n'a jamais fait défaut. Tout ce qu'il a dit il l'a fait. Dante disait à ceux qui entraient en enfer « abandonnez toute espérance, vous qui entrez ici ». Nous répétons souvent cet adage : « L'espoir fait vivre ». Nous le savons tous, sans espoir, tout est fini. L'espérance nous tient calme, rassure même quand tout semble être perdu. Selon Jean XI, Marthe et Marie avaient perdu tout espoir ; leur frère était mort depuis quatre jours et sentait déjà. Mais celui qui pouvait dire (Jean XI, 25) « Je suis la résurrection et la vie », pouvait aussi dire : « Lazare, sors ! Et le mort sortit » et reprit vie. Voila pourquoi l'espérance chrétienne dépasse toutes les difficultés. Jésus christ, lui même, est notre espérance selon I Tim. I, 1 et Col I, 27. Quant à l'amour, c'est un commandement « Tu aimeras ton Dieu…, Tu aimeras ton prochain… ». Aimer équivaut à pratiquer Dieu, car il se définit comme l'amour. Un auteur a déclaré que : « l'amour est la saveur de la foi ». La foi, l'espérance et l'amour représentent les piliers de l'identité chrétienne.

f) L'humilité et la simplicité : le mot humilité vient du latin « humus » et signifie terre, ce qui correspond très bien au verset « Rappelle toi que tu es poussière… » Notre planète est vieille de plusieurs millénaires, elle a aussi connu des hommes extraordinaires qui ont bouleversé l'histoire. Pourtant un fait demeure, ils sont tous morts. Pour nous autres qui sommes encore vivants, nous ne saurions douter de ce fait : la mort est certaine pour tous. En sorte que nous avons assez de données pour rester humbles : Nous sommes créés à partir de la poussière. Nos jours s'évanouissent comme un son, comme l'herbe qui fleurit le matin pour disparaître le soir. Quelque soit le niveau de réussite, d'éducation, de richesse ou de popularité que nous atteignons dans cette vie, « nous ne sommes rien sinon que peu de chose. Nous sommes la rose qui pousse au coin des rues », puis nous disparaîtrons. Nous sommes incapables de nous sauver nous-mêmes. Mais nous avons en nous le brulant désir de vivre éternellement.

Heureusement Dieu intervient pour nous aider à résoudre ce problème, Il a placé en nous le germe de l'éternité. (Ecc. III, 11) Il nous offre l'opportunité de jouir d'un tel privilège. Celui qui nous offre l'opportunité de jouir d'un tel privilège, nous donne l'exemple parfait de l'humilité : « Je suis doux et humble de cœur » (Mat. XI : 29), « Je suis au milieu de vous comme celui qui sert » (Luc XXII : 27). Voici ce qu'il nous dit en Luc XIV : 11 « Quiconque s'élève sera abaissé, et quiconque s'abaisse sera élevé », ou en Mat. XVIII : 3 « Je vous le dis en vérité, si vous ne vous convertissez pas et si vous ne devenez comme les petits enfants, vous n'entrerez pas dans le royaume des cieux ». La simplicité et l'humilité des petits enfants normaux sont proverbiales. En I Pierre V : 5, nous lisons ce qui suit « Dieu résiste aux orgueilleux, mais il fait grâce aux humbles. » Même dans le domaine séculier, on ne tarit pas d'éloges devant quelqu'un dont la vie est auréolée d'humilité et de simplicité. Les Saintes Écritures comptent bien des textes faisant allusion à l'humilité et à la simplicité. D'ailleurs qui peut ignorer le sort de Lucifer et du Pharisien orgueilleux qui se vantait de ne pas être comme le reste des hommes (Es XIV et Luc XVIII) par absence d'humilité. Dans Ecc. VII, 29 le sage fait un aveu : « Voici la seule chose que j'ai comprise : Dieu a fait les êtres humains simples et droits, mais ceux-ci ont tout compliqué ». Hélas, la personnalité de quelqu'un se reflète souvent dans tout ce qu'il fait. Suivant son caractère, son tempérament, certaines pratiques peuvent paraitre plus difficiles que d'autres. Le charisme, le charme, les valeurs profondes, l'éthique, l'humilité, la patience, la simplicité sont réclamées de tous. En Prov. XV, 33 nous lisons : « La crainte de l'Éternel enseigne la sagesse, Et l'humilité précède la gloire ». Du reste bien aimés, « Ainsi parle l'Éternel : Que le sage ne se glorifie pas de sa sagesse, Que le fort ne se glorifie pas de sa force, Que le riche ne se glorifie pas de sa richesse. Mais que celui qui veut se glorifier se glorifie d'avoir de l'intelligence et de me connaître, de savoir que je suis l'Éternel, Qui exerce la bonté, le droit et la justice sur la terre ; car c'est à cela que je prends plaisir, dit l'Éternel ». Jér. IX, 23,24

g) Prière : Étant sauvé par la foi en Christ, la prière devient une pratique régulière, même permanente pour permettre à l'homme de maintenir ses relations intimes avec son Créateur, son rédempteur et son bienfaiteur. S'il faut croire à l'imposante littérature sur la prière, on dirait que c'est toute une science. Mais pour rester simple et concis, contentons nous de visiter le texte inscrit en Mat. VI : 6 -13 « Lorsque vous priez, ne soyez pas comme les hypocrites, qui aiment à prier debout dans les synagogues et aux coins des rues, pour être vus des hommes. Je vous le dis en vérité, ils reçoivent leur récompense. Mais quand tu pries, entre dans ta chambre, ferme ta porte, et prie ton Père qui est là dans le lieu secret ; et ton Père, qui voit dans le secret, te le rendra. En priant, ne multipliez pas de vaines paroles, comme les païens, qui s'imaginent qu'à force de paroles ils seront exaucés. Ne leur ressemblez pas ; car votre Père sait de quoi vous avez besoin, avant que vous le lui demandiez. Voici donc comment vous devez prier : Notre Père qui es aux cieux ! Que ton nom soit sanctifié ; que ton règne vienne ; que ta volonté soit faite sur la terre comme au ciel. Donne-nous aujourd'hui notre pain quotidien ; pardonne-nous nos offenses, comme nous aussi nous pardonnons à ceux qui nous ont offensés ; ne nous induis pas en tentation, mais délivre-nous du malin. Car c'est à toi qu'appartiennent, dans tous les siècles, le règne, la puissance et la gloire. Amen !

Tout compte fait seul Jésus nous sauve et nous en bénéficions seulement par la foi et par l'unique moyen de la grâce. Mais le fruit de l'esprit, les vertus chrétiennes sont connexes, voila pourquoi les qualités mentionnées plus haut et beaucoup d'autres

Sur le sentier de Sola Fide

encore sont généralement reflétées dans la pratique de la foi en Christ qui sauve.

XI
LES HANDICAPS À LA FOI

La foi a de très grands ennemis qui l'empêchent de s'épanouir, mais plutôt l'atrophient et tentent de l'étrangler. Voici certains principaux antagonistes de la foi :

A- Soi même : Avec son esprit de propre suffisance et son orgueil, l'homme est souvent son pire ennemi. Dans ce monde, chacun poursuit son chemin selon ses objectifs. Chacun doit aussi payer les conséquences de ses choix. Que de fois ne sommes nous pas paralysés par manque de confiance en nous-mêmes. Nous restons figés sur nos limites superficielles et refusons de nous hisser au-delà des obstacles pour voir réellement les cimes que nous pouvons atteindre ! Les deux mains doivent agir conjointement pour construire. Sinon, nous nous détruisons nous-mêmes. Or détruire est plus facile que construire.

Les défauts personnels constituent des poisons violents qui nous tuent et intoxiquent ceux qui nous entourent. Que de fois ne rencontrons-nous un touche-àtout de génie, riche en talents multiples, et dont l'excellente présentation initiale nous impressionne, mais là s'arrêtent ses projets. Aujourd'hui il jure que rien ne pourra l'empêcher de finir son plan formidable. Demain, l'émotion s'évapore, mieux il a eu un « songe » qui lui a fait comprendre de ne pas aller dans telle direction, et ses bonnes intentions sont oubliées. Il rend alors les autres responsables de son échec.

Celui qui loge dans son cœur l'orgueil, la vengeance, la jalousie, l'égoïsme, la négligence, le complexe de supériorité ou d'infériorité, la peur, la rancune, ou l'arrogance, ou celui qui ne fait que de la critique destructrice, se fâche pour un rien, l'éternel insatisfait, le querelleur, le mesquin, l'irrespectueux, ou celui qui devient esclave de ses mauvaises habitudes, grossit le rang des irréductibles. Il offre un terrain peu propice à la germination de la foi, ou du moins il n'a pas le genre de foi utile à l'épanouissement du genre humain. On ne pourra jamais réussir sans la foi convenable. Un tel individu est souvent un enfant gâté qui a évolué dans une famille où on le traitait comme un roi, où l'on excusait son comportement bizarre, on lui prodiguait tout sans lui accorder la chance de désirer quelque chose qui lui manquait. Peut-être aussi a-t-il été traumatisé dans la vie par des accidents, la mort soudaine d'un être cher, le divorce, des abus physiques ou émotionnels. Il a atteint un niveau intellectuel qu'il a amélioré en autodidacte. Mais, conscient ou inconscient de ses déficiences, il veut à tout prix surpasser celui qu'il juge lui être intellectuellement supérieur. Il n'ose jamais pourtant l'admettre et voue un ressentiment farouche à celui dont la compétence, au fond, l'incommode et l'intimide. Il y a pourtant pour pareil individu un moyen très pratique de tirer partie de la situation : s'associer à celui qui lui fait ombrage et s'engager à cheminer avec lui. Une telle démarche l'empêcherait de demeurer chimérique, dominateur et éternellement insatisfait. Hélas, il n'a jamais exercé sa foi. Il n'a pas foi en lui, il n'a foi en personne. La foi vous rend optimiste et vous donne une attitude affable qui vous facilite des ouvertures au moment le plus sombre et le plus inattendu. Si vous connaissez quelqu'un de ce genre, il faut être patient, bienveillant tout en lui montrant adroitement la bonne façon de changer de cap. Il n'est jamais trop tard pour une meilleure vision du monde et de soi.

B- La Mystification : Nous rencontrons un autre écueil sur la route du succès : la tendance à avoir recours a toutes sortes de bluffs pour impressionner ou pour se faire passer pour ce qu'on n'est pas. Ma grand-mère maternelle nous racontait l'histoire d'un voisin qui prenait plaisir à sortir avec sa « blouse blanche », et son stéthoscope au cou. Les gens du quartier l'appelaient « Doc ! », et il en était fier. Un matin, l'un des voisins fut frappé d'une crise d'apoplexie. Naturellement, tout le monde s'empressa d'appeler Doc pour les premiers soins. Mais Doc de répondre : « Euh ! Appelez une ambulance. Euh ! J'ai perdu mon stéthoscope. » En réalité, Doc avait perdu son cerveau. Il était Boucher dans la ville avoisinante, mais préférait jouer au médecin. Nous ne devons pas avoir honte de ce que nous sommes aujourd'hui pendant que la foi nous permet de préparer notre devenir.

C-*Caractère et attitude.* Le tempérament est génétique, c'est ce que nous héritons de nos parents. Le caractère, c'est ce que nous travaillons à être, notre « Blue print ». Ce qui nous identifie en tant qu'individu. Notre personnalité, c'est l'ensemble : tempérament, caractère, éducation, etc. Le caractère d'un homme peut l'ennoblir ou l'avilir. Il est le reflet de son for intérieur, la quintessence de ses pensées, de sa vision du monde construite à partir de sa formation, de son éducation, de ses habitudes et de son code génétique. Il projette l'unicité du corps et de l'esprit, englobe l'aspect physique, intellectuel et moral, la manière de réagir de façon honorable ou déshonorable aux différents stimuli de l'environnement. Il reflète des valeurs intégrées ou implicites, nos perceptions, nos croyances, nos opinions. Il évoque des facultés physiques, morales et intellectuelles. Les valeurs intériorisées déterminent le caractère, qui peut être ambivalent, polémiste, soumis, introverti ou extroverti. Celui qui a évolué dans un milieu où la fourberie, l'orgueil, la paresse, la convoitise, la lâcheté, l'égoïsme, l'ivrognerie et la colère triomphent, aura beaucoup de peine à afficher des vertus telles : la sincérité, la justice, le courage, la fidélité, la patience, la douceur, et surtout la foi.

Notre monde mise sur le matériel. Or une ruine soudaine, une dévaluation de la monnaie, une chute boursière ou une mauvaise transaction… et tout s'évapore. L'évènement fâcheux du 11 septembre 2001 à New York et à Washington au cours duquel des milliers de personnes ont perdu leur vie, les dévastations tragiques des Tsunamis, des cyclones, des tremblements de terre, des incendies, etc. peuvent aisément nous en convaincre. Alors, quand viendra le moment fatidique, que dira-t-on de moi ? Que dira-t-on de nous ? Quelle image laisserons-nous dans la mémoire de nos proches : enfants, conjoints, parents, amis et connaissances ? Se souviendra-t-on de nous comme des êtres de foi, loyaux, généreux, compatissants, courageux, ou bien terribles, coléreux, inconstants, pessimistes et impossibles à vivre ? Parlera-t-on de nos biens matériels pour lesquels nos héritiers s'entredéchireront ?

Ce qui reste après tout, c'est notre foi, notre réputation, notre caractère qui peut nous valoir l'admiration de tous ou nous reléguer dans les bas-fonds du dédain. L'histoire regorge de génies qu'on croyait indispensables. Notre planète continue pourtant sa trajectoire. Le caractère idéal vise à atténuer les tares héréditaires. Il nous permet de cultiver la foi, l'espérance et l'amour, et aussi l'art de communiquer et de sympathiser. Il cherche à contrôler les défauts acquis, les échanger contre les vertus qui ennoblissent. Il nous fait réaliser que les faiblesses des autres qui nous accablent ne nous donnent pas le feu vert pour mouiller dans la même rade. Au contraire, quand nous constatons la laideur des lacunes des autres et l'embarras qui les accompagne, nous devons redoubler d'ardeur pour combler les nôtres. Celui qui est prompt à la colère peut causer des dégâts graves que même des excuses sincères ne peuvent réparer. Et lors même qu'on les lui pardonne, plus d'un l'évitera pour échapper à son courroux. Entre-temps sa réputation est gâchée et le précède sur son passage. Il vaut la peine de faire l'inventaire de sa vie, de demander conseil et d'agir en conséquence. On a tous besoin de dorer son blason.

D- *Le doute.* Parmi les autres écueils sur la route de la foi qui sauve, qui peut oublier le doute ? C'est le levain de la défaite. Il intoxique et ne vise qu'à nous paralyser et nous neutraliser, voire déraciner tout germe de foi. Une approche préliminaire à la foi exige un genre de vie qui consiste à apprendre à mener une vie équilibrée. Nous donnons plus que nous nous attendons à recevoir. Nous nous engageons et nous appliquons à être utiles à nous-mêmes, à la famille, à la communauté et à la société. La foi n'élimine pas une certaine structure, une préparation et l'habileté à nous ajuster aux défis et circonstances rencontrées dans la vie. Nous devons choisir, être disposés à payer pour chaque choix, et calculer le coût de chaque opportunité.

L'ordre des priorités doit être bien établi. Il faut :

1- avoir un idéal, une vision, une philosophie, une raison de vivre, sinon on risque de mourir à l'intérieur de soi même. Vouloir se dépasser, aller au-delà des limites qui nous sont souvent imposées par la société ou nos circonstances ; désirer atteindre d'autres sommets par la foi ;

2- faire montre de persévérance, de volonté inébranlable pour atteindre le but visé, sauter sur les opportunités qui se présentent pour y parvenir et continuer à avancer par la foi. En d'autres termes, il faut travailler durement avec foi. Consulter les myrmécologues, ils attesteront du labeur assidu des fourmis ; Thomas Edison fit une déclaration qui doit inspirer tout le monde. Il définit le succès comme « dix pour cent d'inspiration et quatre-vingt-dix pourcent de transpiration » ;

3- se préparer au succès. On identifie ses forces et ses faiblesses, on tient compte de sa santé, de son éducation et de sa condition financière. On évite de répéter les mêmes erreurs ou de tomber dans le même imbroglio. On surveille toujours les occasions appropriées avant de se lancer dans l'arène, sans oublier de faire ample provision pour la course. La prudence exige un plan d'action qui, à son tour, est subdivisé en plan A, plan B, plan C... en vue de faire face à toute éventualité. Il arrive que les opportunités se présentent plusieurs fois, mais si l'on n'est pas prêt, on les perd. Celui ou celle qui rêve de devenir médecin doit se préparer en conséquence, c'est-à-dire finir ses études secondaires avec de bonnes notes, travailler fort bien à l'université, remplir les conditions exigées et être prêt à profiter du temps qui lui est accordé. Celui qui rêve de devenir écrivain mais ne lit pas, ne maîtrise pas la langue dans laquelle il doit écrire, ni n'apprend l'art de communiquer ses idées ne fait que perdre son temps. La préparation du succès sous-entend le travail inlassable, tout en considérant chaque étape qui y mène, comme étant l'objectif ultime, grâce a la foi ;

4- faire feu de tout bois. Mû par le désir de réussir, il convient d'utiliser tous les moyens disponibles y compris les dons, les talents et tout atout susceptible d'aider à atteindre son objectif et avancer par la foi ;

5- résister à la tentation de courir après la gratification instantanée. La foi permet d'espérer un lendemain meilleur ;

6- être reconnaissant, humble et généreux ;

7- trouver du temps pour le recueillement, la détente, l'exercice et le service, la croissance et le couronnement de sa foi.

8- finalement, il faut avoir un mécène, un mécanisme de support. C'est-à-dire, il faut non seulement avoir Dieu comme l'ultime soutien, mais aussi trouver quelqu'un qui soit capable de vous aider, qui soit disponible pour écouter vos doléances, vos chimères si insignifiantes soient-elles. On a tous besoin d'une oreille dans laquelle verser ses inquiétudes et turpitudes, sinon, au moins un arbre, un petit animal à qui parler parfois.

En résumé, la Foi ne pourvoit à rien d'ésotérique. Nous n'avons pas besoin d'amulette, de mandragore, de talisman ni de rite. La foi pratique, c'est l'œuvre de toute une vie. Elle nous est accessible, car nous obtenons de la vie, à peu de chose près, ce que nous y avons investi et la foi c'est le levain, le multiplicateur, le stimulant qui aide à faire la traversée avec sérénité. La persévérance et la détermination conduisent au succès à tous les points de vue. Cette approche, apparemment simpliste, s'avère fondamentale pour mener son existence sur terre. Trop souvent nous faisons l'autruche qui, voyant venir le danger, enfouit sa tête dans le sable. Suivons plutôt l'exemple du lion qui prend des mesures pour abattre l'ennemi. La foi nous aide à faire face aux plus grandes épreuves. L'homme demeure l'être le plus intelligent de la terre. Nous pouvons faire mieux et cesser de fonctionner au rabais. Avec la foi, tout est possible.

L'heure des conquêtes insoupçonnées a sonné dont la victoire sur nos faiblesses, tout en repoussant de manière constante les frontières qui nous empêchent parfois d'atteindre les buts visés. Par la foi agissante, de concert avec notre détermination, il est possible de viser plus haut, de viser plus loin, d'atteindre la réussite.

Après tout, si dans la richesse ou la pauvreté, le succès ou la défaite nous sommes tous mortels, ne vaut-il pas la peine de choisir la réussite en lieu et place du fiasco ? Gare aux flatteries, aux séductions subtiles qu'attire la réussite apparente. Gare au luxe, au lucre, à la complaisance et à l'autosuffisance. Ne permettons point à la pieuvre du doute de s'emparer de nous jusqu'à nous entrelacer totalement et à nous immobiliser. Fuyons les défaitistes, les perdants, les pessimistes et les mauvais joueurs. Sinon ils finiront par détruire notre foi, atténuer la notion de réussite, éteindre la flamme de la félicité qui brûle encore en nous, et nous faire sombrer lentement mais sûrement dans la cellule glaciale de la résignation.

À bas la convoitise, la jalousie et l'envie qui provoquent notre délabrement systématique, ternissent notre caractère, obscurcissent notre sens de discernement et neutralisent notre élan initial vers la conquête. Il faut nous engager toute notre vie à travailler à la croissance de notre foi qui nous permettra de franchir les frontières, puis passer le bâton aux nouveaux venus qui devront bâtir sur nos fondements bien établis. Ainsi nous prospèrerons de génération en génération sans interruption. S'il nous arrive de frôler le précipice effarant ou de l'épreuve, ou même d'être placés sur les pentes escarpées de la falaise du désespoir, face à l'évidence lugubre de la défaite, nous devons trouver en nous cette foi qui nous pousse à lever la tête vers l'étoile qui scintille dans le ciel. Alors, éclairés par le phare de l'espoir, armés de courage, - par la foi - nous ferons taire toutes les voix défaitistes pour n'entendre que l'hymne de la victoire finale. Nous sommes engagés dans une lutte pour notre survie. Laissons derrière nous le terre-à-terre et, comme l'aigle, planons au-delà des cimes éternelles. S'il nous arrive de ne pas atteindre tous les objectifs visés ici-bas, la route sera quand même tracée pour les générations futures. Et nous avons l'espérance de la vie éternelle. Le chrétien ne perd jamais. Avançons par la foi !

E-La Présomption : Quand on est jeune, généralement on se croit invincible, ingénieux et capable de réussir en tout. Moi également, il m'était arrivé d'avoir succombé à cette tentation. Je venais à peine de débuter mes classes humanitaires, quand le musicien de l'église que je fréquentais m'aborda pour m'informer qu'il n'allait pas être présent un certain samedi matin alors que la fille d'un Pasteur allait venir animer un programme spécial à l'église. Comme je prenais des leçons de piano depuis des ans, Il me demanda de jouer à sa place le chant thème. Il eut la précaution de me remettre la partition une semaine à l'avance pour éviter toute improvisation. Je pris la feuille musicale, la plaçai quelque part, et je ne m'en suis plus jamais souvenu jusqu'au jour fatidique où je me trouvai devant le fait accompli. Tous les yeux étaient braqués sur ma petite personne, je commençai par transpirer, et finalement pour sauver la face, je déclarai que l'instrument ne fonctionnait pas bien. Ce jour-la je priai. Je demandai à Dieu instamment d'intervenir car je jouais pour lui, dans son église, devant ses saints et pour sa gloire. Mais rien ne marcha. Je fis de mon mieux, mais ce n'était pas une réussite. Voila donc l'exemple qui me vient à l'esprit, pour illustrer — à mes dépens — le danger de la présomption.

Un autre exemple biblique se trouve en Marc XVI, 18 : « S'ils boivent quelque breuvage mortel, il ne leur fera point de mal ». Se gaver de poison pour montrer à tous l'intensité ou l'énormité de sa foi, c'est de la présomption. Dieu dit à Abraham, partout où il mettra ses pieds, Il le lui donnera en héritage, cela ne veut pas dire qu'en plein XXIème siècle, partout ou l'un de nous met ses pieds, Dieu va chasser le propriétaire pour nous l'accorder. Dieu prend soin de nous, mais nous devons collaborer. « Je puis tout » ! Voila une déclaration des textes sacrés dont la concrétisation tient compte du contexte, de la volonté de Dieu, de nos capacités, de nos dons, de nos talents et de nos qualifications par la grâce de Dieu.

F-La contrefaçon de la foi : C'est Robert Burton qui disait : « La où Dieu a un temple, le diable aura une chapelle ». Beaucoup de gens commencent avec de bonnes intentions, la dévotion, la prière sincère, même le jeûne, la méditation, puis la révélation. Comme la révélation évolue, il arrive aux croyants de confondre leurs propres idées, leurs rêves, leurs désirs et leurs souhaits avec ceux du Tout Puissant. Ils se sentent si près du parvis céleste, qu'ils commencent à projeter leurs pensées et leurs idées sur Dieu. Puisqu'ils prient et méditent en compagnie de l'Esprit Saint constamment, ils arrivent jusqu'à croire qu'une symbiose existe entre eux et Dieu. Par conséquent, tout ce à quoi ils pensent est d'origine divine. Ils aboutissent à la déviation.

En réalité, la Bible déclare en Es LV, 8 « Mes pensées ne sont pas vos pensées. Et vos voies ne sont pas mes voies. » Selon Apoc. XXII, 18 et 19, il ne faut ni ajouter, ni retrancher de la parole de Dieu. D'aucuns croient avoir toutes sortes d'inspirations et de révélations sur lesquelles ils fondent de nouvelles religions. Ils continuent à accoucher de nouvelles idées, etc. Or vous savez que l'imagination humaine est très fertile. Beaucoup de religions, beaucoup de sectes sont fondées sur ces bases. Ainsi quelqu'un émet des théories, des philosophies, des déclarations qu'il prétend lui avoir été révélées ou dictées du ciel, sans aucun moyen de prouver la source de ses déclarations. Vous obtenez alors un amalgame de plusieurs religions qui se disputent la suprématie avec ce genre d'inventions.

Tel n'est pas le cas de la Bible où l'histoire, l'archéologie peut vérifier les faits relatés dans les Oracles Sacrés. Avec tout le respect que je vous dois, quand quelqu'un déclare que le Coran est écrit sous le commandement de Dieu et sa dictée, c'est la revendication d'un homme. Comment peut-on la vérifier ? Par contre, nous avons des preuves scientifiques qui établissent la verite du déluge. Nous avons des références historiques au sujet de Moïse, d'Abraham, de Jésus et de ses disciples par exemple. Même le monde séculier peut attester de ces faits bibliques.

Nous arrivons donc à un dilemme sur la foi. La foi ne dépend pas seulement de la nature des connaissances mais aussi de leur source. Est-elle digne de confiance. Malheureusement, plusieurs aiment le merveilleux. Il y a toujours des gens qui sont prêts à ajouter foi à presque n'importe quoi sous le soleil. Parfois les extrémistes et ceux qui sont en minorité font tant de bruits qu'ils acquièrent plus de crédibilité que la vérité biblique elle-même avec laquelle on tend à être habitué, qui réclame des changements de conduite et un style de vie particulier à suivre. Nous avons tendance à confondre la popularité, le confort et l'opulence avec l'authenticité. Il y a tant de contrefaçons dans ce monde. Il faut connaitre, sonder les écritures et comparer tous les enseignements qu'on donne un peu partout. Car bien des fois ceux qui les dispensent ont un plan secret conçu par l'ennemi de nos âmes pour nous perdre. En réalité, il ne devrait pas y avoir de divergences entre ce qu'on croit et ce qu'on vit, ce qu'on prêche, et ce qu'on pratique. Esaïe VIII, 20 déclare « A la loi et au témoignage, si on ne parle pas ainsi, il n'y à point d'aurore pour le peuple ». La meilleure façon de ruiner, ou d'atrophier notre foi c'est de croire que Dieu doit nous sauver quand même à cause de notre appartenance à une organisation religieuse, nos années de services, les sacrifices et humiliations essuyées. Rien de ce que nous faisons ne nous donne accès de façon automatique à la vie éternelle.

A cet effet je me souviens de mes années de collège. J'avais beaucoup de peine à maitriser les statistiques. C'était l'un de mes cauchemars. Je pense encore à mon expérience. Après avoir investi de longues heures à étudier, à travailler avec d'autres élèves, après des nuits sans sommeil, j'ai eu mon premier test de statistiques. Quand le professeur qui était dans sa cinquantaine me remit mon examen, je me rendis compte que ce que je craignais le plus allait m'arriver. Car la note que j'ai obtenue était voisine de son âge. Toute la classe était dans la consternation. Sans me faire prier, je décidai d'aller auprès du doyen académique et de planifier comment abandonner cette classe. Chemin faisant, j'ai jeté un coup d'œil sur le tableau et grande fut ma surprise. Malgré ma note, j'avais un « B ». Apparemment, le professeur se basa sur cette fameuse courbe de « Bell » pour évaluer tous les élèves de la classe. Dans chaque cas particulier, les notes étaient attribuées en fonction de la courbe de performance d'ensemble de la classe. Voilà ce qui me sauva.

Plusieurs s'imaginent que le Très Haut va utiliser cette même courbe afin de comparer toute l'humanité et faire un tri pour sauver le plus de gens possibles. Alors, si on appartient à une église quelconque, si on y va à chaque grande occasion, si on participe aux activités ecclésiales, si on donne l'aumône aux pauvres, si on n'a tué personne, si on contribue financièrement à la croissance de l'église, si on est l'ami du prêtre ou du pasteur qui prie régulièrement pour les membres de sa paroisse ou sa localité, ou même si le culte se pratique à domicile avec les dernières techniques, Dieu va tenir compte de tout cela pour leur donner un accueil princier au paradis. Pour une majorité de croyants, le christianisme semble être fondé sur la loi de la majorité. Si tout le monde fait la même chose, le Maitre de l'univers doit l'accepter. Bien-aimés, les paramètres divins n'ont pas varié d'un milliardième de millimètre. La formule « Vox populi, vox Dei » n'est pas biblique. Mat. VII, 21 déclare : « ceux qui me disent Seigneur, Seigneur ! n'entreront pas tous dans le royaume des cieux, mais celui la seul qui fait la volonté de mon Père qui est dans les cieux ». La grâce céleste est disponible pour tous. Il suffit de l'accepter et de mener une vie en conformité à ce qu'elle représente. Selon Blaise Pascal, « Douter de Dieu, c'est y croire ». Cette formule savante et bien tournée ne décrit pas l'état d'une relation dynamique avec son Créateur. En effet, en Jacq I, 6, l'apôtre nous invite à faire nos requêtes sans douter. Selon Marc XI, 23, une demande aussi difficile que « le déplacement d'une montagne pour se jeter dans la mer » peut être exaucée, si elle est faite sans douter. Le doute est donc une antithèse, un poison à la foi chrétienne.

G-*La superstition, une autre imitation de la foi :* Selon sa culture, on a tendance à accorder une importance particulière à certains faits qui peuvent avoir un impact positif ou négatif sur notre vie. Le treizième étage d'un bâtiment, un vendredi 13, rencontrer un chat noir, frapper son pied gauche, passer sous une échelle, balayer les pieds d'une jeune fille, le passage d'un papillon noir, se marier sous la pluie… voilà autant de faits anodins auxquels plusieurs accordent une attention particulière comme étant l'augure d'un malheur. Inutile de chercher une explication rationnelle ! Voila qui relève du domaine de la superstition qui se définit comme une croyance irrationnelle que certaines choses, certains objets, certains actes, certaines rencontres peuvent vous porter bonheur ou malheur. Tiré du latin « Superstitio », la superstition accuse une crédulité irrationnelle, ou une pratique religieuse non orthodoxe. Tout phénomène qui ne peut être expliqué par une démarche scientifique ou rationnelle relève de la superstition. La foi ne laisse aucun espace pour la superstition. La superstition peut être si dominante qu'elle peut devenir pathologique, paranoïaque ou psychotique. La foi véritable transcende une telle croyance La vie du chrétien est entre les mains de son Créateur. Il n'attribue aucune démarche funeste ou heureuse à une force ou une circonstance hasardeuse car sa vie est entre les mains de son Père céleste.

Vous avez sans doute réalisé que nous n'avons pas la prétention d'épuiser cette longue liste de traits qui peuvent être préjudiciables à la foi. Il ne faut pas ignorer l'imprudence, la jalousie, l'envie, la magie, les querelles, le découragement, (Esdras IV, 4), et la peur (Es LI, 12), etc.

XII
PLAIDOYER POUR LA GRÂCE

« C'est par grâce que vous êtes sauvés, par le moyen de la foi et cela ne vient pas de vous, c'est un don de Dieu ». Ce texte établit une synergie entre la grâce et la foi au point où l'une ne peut pas marcher sans l'autre. Imaginez un instant, face aux multiples obligations de la vie, pour une raison quelconque, l'un de nous conduit sur l'autoroute accusant un excès de vitesses de plus de 20 à 30 kilomètres. Tout va très bien. On se félicite d'avoir acheté une voiture si puissante allant sur une autoroute si spacieuse, pratiquement vide et qui invite à la vitesse. Soudainement, vous êtes arrêté dans votre griserie par cette maudite lumière clignotante et ce bruit inquiétant qui vous alerte. La gendarmerie vous intercepte. Il s'apprête à vous écrire votre contravention. Vous lui donnez promptement les dossiers réclamés sans maugréer mais d'un air penaud. La culpabilité est évidente. Vous savez que vous encourrez le risque d'une amende forfaitaire, d'affecter le nombre de points sur votre permis, et d'avoir la suspension de votre permis de conduire, voire l'emprisonnement. Puis au cours d'une courte conversation, il réalise que votre enfant, ou un membre quelconque de votre famille appartient à une même équipe sportive ou à un autre genre d'association quelconque que lui ou l'un des siens. La situation devient moins tendue. Après avoir révisé vos documents pour un bout de temps, il revient auprès de vous ; on bavarde un peu. Puis il vous dit : « je vous fais grâce. Conduisez avec plus de prudence ». Qu'avez-vous fait pour mériter une telle générosité du policier ? Est-ce parce que vous avez été gentil, ou respectueux, ou à cause de l'état de votre permis, ou votre marque de voiture, votre façon de vous habiller ? Quel mérite avez-vous pour ne pas recevoir l'amende alors que vous avez sans aucune ombre de doute violé la loi ? La réponse est simple, vous avez été gracié.

Le vocable grâce est très usité. On s'en sert à longueur de journée à tort et à travers soit pour décrire les attraits physiques, ou un état de bien-être, ou pour exprimer de la pitié, de la reconnaissance. Dans le langage courant, on tend à utiliser les mots Grâce, bénédiction, et miséricorde de façon interchangeable. Dans le langage théologique grâce évoque l'idée d'une faveur, d'une bénédiction venant d'en haut ; c'est le don (gratuit) par lequel le genre humain obtient l'absolution de ses péchés et l'assurance de la vie éternelle par Jésus Christ. Le Christianisme ne saurait être compris sans la grâce. Car comment expliquer que l'être humain, devenu ennemi de son Créateur — après avoir choisi de lui désobéir — au lieu d'être détruit comme il le mérite et remplacé ; ce même Créateur choisit sciemment de subir les conséquences de la désobéissance humaine afin de le racheter et de le ramener à sa position privilégiée connue antérieurement.

La grâce fait donc partie intégrante du caractère de Dieu. Cette grâce se signala depuis l'Éden. En effet après la désobéissance de nos premiers parents, Gen. III, 7 nous dit « se voyant nus, ils cousurent des feuilles de figuier et en firent des ceintures ». Mais après les avoir cherchés et quand

Dieu les retrouva, Gen. III, 21 révèle que : « L'Eternel Dieu fit à Adam et à sa femme des habits de peau, et il les en revêtit », et il leur fit une promesse en Gen. III, 15 : «L'Eternel Dieu dit au serpent : Je mettrai inimitié entre toi et la femme, entre ta postérité et sa postérité : celle-ci t'écrasera la tête, et tu lui blesseras le talon ». Voilà une déclaration à portée eschatologique. La postérité de la femme, c'est l'église, l'assemblée des croyants, le corps dont Jésus Christ est la tête. Le serpent représente Satan. Satan blessera l'église au talon par la souffrance, la crucifixion de Jésus, et la persécution des croyants. Mais l'église finira par triompher et au retour de Jésus, elle connaitra son triomphe ultime d'avoir accès à la vie éternelle. La tête de Satan sera écrasée pour jamais. Quelle grâce ! Quel amour ! Quelle Justice ! La Bible aussi déclare en Gen. VI, 8 que « Noé trouva grâce aux yeux de l'Éternel ».

Plus tard après la désobéissance de David, celui-ci déclara qu'il préférait tomber entre les mains de l'Éternel. En Eph. I, 2-11, l'apôtre Paul nous donne un véritable goûter de la succulente grâce divine, lisons ceci : «Que la grâce et la paix vous soient données de la part de Dieu notre Père et du Seigneur Jésus Christ ! Béni soit Dieu, le Père de notre Seigneur Jésus Christ, qui nous a bénis de toute sortes de bénédictions spirituelles dans les lieux célestes en Christ ! En lui Dieu nous a élus avant la fondation du monde, pour que nous soyons saints et irrépréhensibles devant lui, nous ayant prédestinés dans son amour à être ses enfants d'adoption par Jésus Christ, selon le bon plaisir de sa volonté, à la louange de la gloire de sa grâce qu'il nous a accordée en son bien-aimé. En lui nous avons la rédemption par son sang, la rémission des péchés, selon la richesse de sa grâce, que Dieu a répandue abondamment sur nous par toute espèce de sagesse et d'intelligence, nous faisant connaître le mystère de sa volonté, selon le bienveillant dessein qu'il avait formé en lui-même, pour le mettre à exécution lorsque les temps seraient accomplis, de réunir toutes choses en Christ, celles qui sont dans les cieux et celles qui sont sur la terre. En lui nous sommes aussi devenus héritiers, ayant été prédestinés suivant la résolution de celui qui opère toutes choses d'après le conseil de sa volonté ».

En Eph. II, 1-9, nous lisons ceci : « Vous étiez morts par vos offenses et par vos péchés, dans lesquels vous marchiez autrefois, selon le train de ce monde, selon le prince de la puissance de l'air, de l'esprit qui agit maintenant dans les fils de la rébellion. Nous tous aussi, nous étions de leur nombre, et nous vivions autrefois selon les convoitises de notre chair, accomplissant les volontés de la chair et de nos pensées, et nous étions par nature des enfants de colère, comme les autres… Mais Dieu, qui est riche en miséricorde, à cause du grand amour dont il nous a aimés, nous qui étions morts par nos offenses, nous a rendus à la vie avec Christ ; il nous a ressuscités ensemble, et nous a fait asseoir ensemble dans les lieux célestes, en Jésus Christ, afin de montrer dans les siècles à venir l'infinie richesse de sa grâce par sa bonté envers nous en Jésus Christ. Car c'est par la grâce que vous êtes sauvés, par le moyen de la foi. Et cela ne vient pas de vous, c'est le don de Dieu. Ce n'est point par les œuvres, afin que personne ne se glorifie ».

Oui bien-aimés, la venue du Christ sur cette terre maudite pour y subir les atrocités des mains des méchants pour lesquels il vient souffrir et mourir : Voilà la manifestation de la Grâce à son paroxysme. C'est en analysant, en méditant sur ce sacrifice, et avec la certitude qu'il nous accorde le privilège de la vie éternelle que nous pouvons avoir une mince conception de la grâce divine, non seulement celle qui nous permettra de jouir de la félicité éternelle, mais aussi celle qui nous soutient au quotidien malgré notre comportement souvent narcissique. La grâce divine est libératrice, régénératrice, rassurante, consolante et encourageante. Ce qui rend cette grâce si irrésistible est le fait que nous ne pouvons rien faire pour la mériter. Nous étions encore des pécheurs, quand Jésus s'offrit pour nous racheter. Sous l'influence de la parole de Dieu et de son Saint Esprit, la grâce nous incite à faire notre petit bonhomme de chemin dans la paix et l'harmonie.

Dans le domaine spirituel, c'est la grâce qui valorise la foi. Les deux marchent de paire. En effet, l'efficacité du pardon que Dieu nous accorde trouve sa pleine signification du fait que nous l'obtenons de façon gratuite en Jésus Christ. En réalité, même le niveau de foi dont nous avons besoin pour accepter l'œuvre propitiatoire du Christ est un don (gratuit). A bien considérer, tout vient de Dieu qui donne tout ce qu'il ordonne. Seul Jésus peut nous aider à faire ce qui est vertueux, juste, spirituel.

La volonté humaine est si polluée, si corrompue que son jugement est obscurci au point de devoir recevoir la visite d'en haut pour faire le choix convenable. « L'esprit est bien disposé, mais la chair est faible » (Mat. XXVI, 41). Voila comment la Bible illustre le tiraillement, la difficulté du combat auquel chaque vrai chrétien se livre pour faire le bon choix. Pour rendre la situation plus compliquée, «le diable rôde autour de nous comme un lion rugissant, cherchant qui il dévorera » (1Pie V, 8). Jésus Christ disait aux disciples, à Pierre : « Satan vous a réclamés, pour vous cribler comme le froment. Mais j'ai prié pour toi, afin que ta foi ne défaille point » (Luc XXII, 31,32. Il dira à Nicodème en Jean 6 « Il faut naitre de nouveau ». La foi est donc un don de Dieu.

Quand l'appel nous est lancé, il nous faut un minimum de volonté pour choisir et décider si oui ou non nous allons répondre à l'appel en vue d'accepter la justification unique de Christ seulement par la foi à travers la grâce seule. Tout le reste est du domaine du divin. Selon les frères du Vatican, la grâce nous est infuse pour nous rendre juste, c'est-a-dire nous recevons un grand débit de grâce et nous sommes capables de la gérer, puis acquérir d'autres faveurs à travers les sacrements, et les œuvres qui nous aident à avoir le salut. Selon les réformateurs, nous sommes justifiés en Jésus Christ par sa grâce. La justice du Christ est transférée sur notre compte pour mettre celui-ci à jour devant le tribunal divin sans aucun mérite, sans aucune contribution de notre part. Nous ne faisons que l'accepter et depuis lors nous nous engageons à produire des fruits dignes du royaume éternel.

Et si d'aventure — à cause de notre nature pécheresse — il nous arrive de trébucher en chemin, nous pouvons toujours faire appel à notre maître pour le pardon de nos offenses. À chaque fois que nous le faisons, il nous pardonne complètement et réconcilie notre compte selon les critères célestes seulement par sa grâce, par le moyen de la foi que nous plaçons seulement en Lui et en son divin sacerdoce.

Avant qu'un humain vous fasse grâce, il a tout un monde de questions à vous faire, de promesses à vous réclamer au point de vous embarrasser et de vous rendre beaucoup plus petit que vous étiez. Mais Dieu fait pour nous ample provision de pardon. « Si quelqu'un a péché, nous avons un avocat auprès du Père, Jésus Christ le juste » (I Jean II, 1). Actes XV, 11 « c'est par la grâce du Seigneur Jésus que nous croyons être sauvés, de la même manière qu'eux ». La grâce divine est donc salvatrice, universelle et elle ne dépend pas de nos bonnes œuvres.

A une époque où soufflent plusieurs vents de doctrines, au temps de la haute philosophie et de toutes sortes de questionnement, il convient de se rappeler que : « Par la grâce de Dieu je suis ce que je suis, et sa grâce envers moi n'a pas été vaine ; loin de là, j'ai travaillé plus qu'eux tous, non pas moi toutefois, mais la grâce de Dieu qui est avec moi ». Cette déclaration paulinienne tirée de 1 Cor. XV, 11 montre non seulement c'est la grâce de Dieu qui opère en nous pour tout faire, mais aussi que la grâce n'est pas une licence à l'inaction. Que de fois nous entendons les gens dire « je suis sous la grâce ». Que veulent-ils dire par la ?

Cette grâce ne nous donne pas un bulletin blanc ou un cheque vierge pour faire tout ce que nous voulons afin de jouir de sa plénitude. Quand l'apôtre Paul déclare en Rom. V, 20 que « là où le péché a abondé, la grâce a surabondé », la vraie interprétation signifie que la grâce divine, grâce au sang de Jésus, ne recule pratiquement pas devant la condition d'aucun pécheur repentant. Quelle que soit l'énormité de nos fautes, seul Jésus par sa grâce seule, par le moyen de la foi seule, peut nous en débarrasser. Pierre aussi nous en parle en 2 Pi III, 18 :« Croissez dans la grâce et dans la connaissance de notre Seigneur et Sauveur Jésus-Christ. A lui soit la gloire, maintenant et pour l'éternité ! Amen ! » La grâce nous soutient, nous encourage à garder la foi. C'est la corde ombilicale qui nous attache à notre Dieu. Seule la grâce nous permet de nous approcher du trône céleste au nom de Jésus « approchons nous donc avec assurance… » (Héb. IV, 16), ce verset ne nous invite pas à aller auprès de Dieu avec des idées préconçues, de l'arrogance ou de l'orgueil comme s'il nous devait quelque chose. Il nous enjoint à réaliser que nous pouvons toujours compter sur cette grâce quelles que soient les circonstances.

La grâce ne nous est pas infuse une fois pour toutes, nous forçant à l'utiliser comme nous le pouvons tout en la mélangeant à nos œuvres sacrificielles pour mériter du salut. Elle ne nous habilite pas non plus à avoir une attitude de supériorité ou à nourrir les querelles de chapelle, ou à afficher une attitude antagoniste envers tel frère, telle sœur ou telle organisation. Au contraire, elle nous invite non seulement à l'apprécier dans nos vies de chaque jour mais à la partager avec tous ceux que nous rencontrons sur notre route. Rappelons-nous de la prière de Saint François d'Assise :

> *Seigneur, faites de moi un instrument de votre paix.*
>
> *Là où il y a de la haine, que je mette l'amour.*
>
> *Là où il y a l'offense, que je mette le pardon.*
>
> *Là où il y a la discorde, que je mette l'union.*
>
> *Là où il y a l'erreur, que je mette la vérité.*
>
> *Là où il y a le doute, que je mette la foi.*
>
> *Là où il y a le désespoir, que je mette l'espérance.*
>
> *Là où il y a les ténèbres, que je mette votre lumière.*
>
> *Là où il y a la tristesse, que je mette la joie.*
>
> *Ô Maître, que je ne cherche pas tant à être consolé qu'à consoler, à être compris qu'à comprendre, à être aimé qu'à aimer, car c'est en donnant qu'on reçoit, c'est en s'oubliant qu'on trouve, c'est en pardonnant qu'on est pardonné, c'est en mourant qu'on ressuscite à l'éternelle vie.*

Sur le sentier de Sola Fide

« *Que la grâce de Notre Seigneur soit sur nous. Affermis l'ouvrage de nos mains, oui affermis l'ouvrage de nos mains* » Après tout, nous ne sommes que « *des ouvriers inutiles* »

XIII
SOLA FIDE AU XXIÈME SIÈCLE

Le monde du XXIème siècle se distingue par ses prouesses technologiques et scientifiques tels les nouveaux modes de communications et d'informations, le séquençage du génome humain, les perspectives de la mécanique quantique, etc. Mais il fait face aussi à des défis considérables, y compris les menaces d'ordre énergétique, de la prolifération, les transformations dans les rapports de puissance, la raréfaction des ressources, les perturbations politiques, sans compter les menaces inédites engendrées par les exploits humains et la turbulence environnementale. Si dans l'avenir les défis ne disparaitront pas et pourront même augmenter, l'histoire nous dicte que les exploits humains continueront. En effet dans presque toutes les sphères d'action, le genre humain a su faire montre d'un génie éblouissant. Pour y parvenir, il a fallu une certaine dose de foi. On trouve la foi à tous les niveaux et dans tous les cadres. Quand par exemple le magazine Américain FORBES nous présente annuellement le classement des milliardaires les plus riches de la planète, nous pouvons remarquer qu'ils viennent de toutes parts ; ils sont de toutes les races, de toutes les classes et de toutes les professions. Cependant le dénominateur commun est que tous ont eu assez de foi dans leurs idées pour agir et prendre les mesures qui ont abouti à ces résultats éclatants. Tous ont réfléchi, ont conçu, ont osé agir par la foi en prenant le risque d'être différent. Même les fervents ténors de l'évolution se cramponnent à la foi, sinon ils auraient abandonné leurs éternelles théories et suppositions que rien de vraiment concret ne supporte.

Dans la sphère spirituelle, la société tend à devenir de plus en plus laxiste, libérale. Le genre humain devient de plus en plus matérialiste, sectaire, égoïste. La question de foi, de spiritualité, de croyances, de doctrines, de convictions perd son vrai sens. Elle est une notion privée qu'on ne doit pas oser extérioriser ou discuter en public, sinon on est perçu comme un faible, un dépendant, un handicapé qui a besoin de la béquille de la religion pour cheminer

Sur le sentier de Sola Fide

dans ce monde ou seuls les plus forts, les plus tenaces subsistent. Mais quand nous considérons l'histoire du christianisme, et son développement, qui est devenu l'une des religions dominantes de notre civilisation, on ne saurait continuer à minimiser, banaliser l'importance de la foi. D'ailleurs, nous pouvons même dire que dans toutes les confessions religieuses, la foi occupe une place princière.

En ce XXIème siècle, certains pratiquants ont tendance à désespérer, voire abandonner la course, d'autres font tant de compromis qu'on se demande s'ils n'ont pas trahi la cause. Pourtant, à ce carrefour de la civilisation, c'est surtout le moment urgent de développer sa foi, de rester vigilant, sage et diligent. Malheureusement, le ver du sécularisme arrive même à piquer le fruit vital de la spiritualité qui est la foi en un Dieu tout puissant. Il rend la plupart des croyants somnolents, d'autres sont même comateux. La christologie moderne tourne autour de la philosophie, de longs raisonnements où l'homme décide de tout comprendre, tout expliquer au point de s'éloigner de l'essentiel. Tout doit être prouvé, sinon c'est rejeté. Or la Bible dit en Deut XXIX, 29 que « Les choses cachées sont à l'Éternel, notre Dieu ; les choses révélées sont à nous et à nos enfants, à perpétuité… ». Notre civilisation tient à tout expliquer. Vive la Connaissance ! Vive la raison, Vive la logique ! Seuls les données mathématiques et les expériences scientifiques sont acceptables pour vérifier les théories.

Naturellement, on ne peut pas vivre sans accepter les vérités fondamentales basées sur la science, tels les propos de Pascal sur le vide et l'équilibre des pressions, la chute des corps de Galilée, ou le principe d'Archimède, ou les découvertes de Newton ou d'Einstein. Cependant, même les croyances scientifiques nécessitent parfois une révision. Par exemple, on répétait tout le temps que le genre humain utilisait moins que 10% de son cerveau, de nos jours on croit plutôt que nous utilisons toutes les parties du cerveau suivant les cas et les circonstances. Plusieurs opinions émises sont basées sur les observations, les déductions, et des théories. Puis on doit les vérifier pour arriver à une certitude, à la connaissance. Mais la connaissance parfaite est souvent affectée par les faiblesses humaines. C'est ainsi que la théorie de l'évolution persiste, gagne du terrain et arrive dans bien des endroits à éclipser la thèse de la création. Pourquoi ? Parce que ceux qui ont la charge des institutions font des prosélytes et vont en « croisade » contre les créationnistes. Nous n'arrivons point à la connaissance parfaite. Même au point de vue spirituel, quand nous émettons des idées, elles sont souvent marquées de nos préjugés. Et en même temps, nous logeons tous en nous cet ardent désir de vouloir imposer nos idées, nos coutumes, et nos croyances qui sont tributaires de nos préjugés, nos expériences, nos peines et déceptions, nos humiliations et nos angoisses ; et cela se fait souvent de façon inconsciente. C'est l'une des raisons qui expliquent la multiplicité des religions.

Au sein du christianisme, pullule un nombre exorbitant de croyances différentes. Quand nous parlons, par exemple, de révélation, ou d'interprétation biblique, il n'y a pas moyen de vérifier nos interprétations si nous ne sommes pas bien intentionnés. Certains débordements sont le fruit de notre imagination fertile. Certains abordent la Bible en vue de chercher des textes pour soutenir leurs idées préconçues. Je vous donne un exemple : comment un être normal qui lit toute la Bible, déclare la posséder, la pratiquer depuis plus de cinquante ans peut-il arriver à la conclusion — avec certitude impavide — que Jésus Christ allait revenir le 21 mai 2011, ce qui causa un grand désappointement parmi ses auditeurs ? Quand la prédiction ne se réalisa pas, au lieu de se repentir, il eut l'audace de donner une autre explication et osa même faire une nouvelle prédiction pour le 21 Octobre 2011. Comment les dirigeants de l'église catholique pouvaient ils vendre des indulgences et Tetzel les offrir aux paysans pour faire sauter leurs bien-aimés du purgatoire et aboutir au ciel immédiatement en échange de leurs « dons » ? Autant de questions et bien d'autres qui nous laissent tous méditatifs ou perplexes.

Les coutumes, la culture païenne, les intérêts mesquins, jouent tous un rôle dans notre interprétation de la parole de Dieu, sans compter les motifs inavouables, et d'autres qui gisent dans notre subconscient que nous aurions réfutés si nous soupçonnions leur existence. **La vérité est impopulaire, elle dérange, elle est étrange et vous rend même misanthrope.** Parfois il faut faire cavalier seul, ce qui est contraire à la nature humaine qui veut son confort, être applaudit, apprécié de tous, être populaire et honoré. Si tout ce que Dieu révèle est vérité, il importe de s'assurer que la révélation reçue ou perçue vient de Dieu. La preuve ne dépend pas de ce que disent la majorité, ou les institutions religieuses établies.

Considérez l'époque ou Jésus évolua, tout le système fonctionnait dans l'apostasie. Donc la légitimité historique, les dons de persuasion, le nombre des années ne garantissent pas la vérité. La question fondamentale demeure : Est-ce ce que la Bible révèle la vérité ? La encore, il ya un dilemme : Quelle Bible ? Celle qui est canonisée ou bien celle qui est apocryphe ? Qui la déclare apocryphe et pourquoi ? Une telle tâche est souvent difficile pour ne pas dire impossible car nous ne vivons plus l'ère patriarcale ou prophétique, pas même apostolique où les autorités fiables étaient bien connues.

Aristote disait que « l'homme est un animal politique ». Il est le produit de son milieu ambiant. Nous vivons l'ère d'un nouvel évangile : L'évangile de prospérité qui garantit la santé instantanée, le miracle sur commande et la richesse croissante à tous ses croyants. Cet évangile est axé sur le merveilleux, les émotions « feeling good », les techniques et les manipulations de confort. Il se vend à domicile aux caprices de la télécommande. Il est bien agencé, bien empaqueté pour satisfaire tous les goûts. Il semble viser non pas à provoquer un changement en profondeur de la part des auditeurs-consommateurs, les fidèles, mais à s'assurer que les prédicateurs arrivent à satisfaire leurs clientèles. Les membres deviennent des clients exigeants. Ils peuvent changer de « boutiques » suivant que le produit offert les plaise ou non. Car ils sont toujours à la recherche du merveilleux, d'une religion qui satisfait leurs sens. Par souci de popularité, en vue d'attirer la foule et de garantir une recette acceptable, le message est dilué pour éviter de choquer certaines gens ou de froisser leurs susceptibilités ou les rendre inconfortables. La foi alors se mesure par son attitude positive, son aptitude à nourrir des pensées optimistes. Tout le monde court après le merveilleux, les miracles, les guérisons spectaculaires.

Le résultat est que tout tourne autour de l'émotion. L'esprit Béréen relaté dans Actes XVII, 11 «…ils examinaient chaque jour les Écritures, pour voir si ce qu'on leur disait était exact », n'est plus de mise. On peut ne jamais ouvrir les saints oracles dans un sermon, pourvu qu'on s'assure que tout le monde se sente comblé, transporté, content et s'attende à la prospérité. On aboutit ainsi à une foi pacotille qui ne réclame aucun repentir sincère, aucun changement de l'être, mais « une vie compartémentalisée » où Dieu doit être trop content de recevoir parfois le minimum d'attention de la part du genre humain. La foi devient donc un atout facile au service de tous. On la réclame à cors et à cri. La réalité est tout à fait différente.

De nos jours, la théologie du salut par la foi devient même contraire à notre culture, à la nature humaine. Nous prenons plaisir dans nos œuvres, nos actions, nos prouesses. Nous avons tendance à attribuer notre succès à notre éducation, notre beauté, notre intelligence, notre compétence, nos contacts, nos aptitudes et nos qualités. Nous répétons souvent combien nous avons peiné pour atteindre le niveau ou nous sommes parvenus. Notre foi est ancrée sur notre propre suffisance. Hélas ! C'est Jésus lui même qui eut à déclarer en Luc XVIII, 8 « Quand le fils de l'homme viendra, trouvera-t-il la foi sur la terre ? » I Timothée IV, 1,2 « Mais l'Esprit dit expressément que, dans les derniers temps, quelques-uns abandonneront la foi, pour s'attacher à des esprits séducteurs et à des doctrines de démons, par l'hypocrisie de faux docteurs… » Il continue en II Tim. III : 1-5 « Sache que, dans les derniers jours, il y aura des temps difficiles. Car les hommes seront égoïstes, amis de l'argent, fanfarons, hautains, blasphémateurs, rebelles à leurs parents, ingrats, irréligieux, insensibles, déloyaux, calomniateurs, intempérants, cruels, ennemis des gens de bien, traîtres, emportés, enflés d'orgueil, aimant le plaisir plus que Dieu, ayant l'apparence de la piété, mais reniant ce qui en fait la force. Éloigne-toi de ces hommes-là ». La foi est accompagnée de l'espérance et de l'amour. C'est-à-dire, celui qui a la foi véritable espère et compte sur Dieu en tout. Il a le souci de faire sa volonté. Ce souci se reflète dans le fleuve limpide de l'amour. Oui, la foi va de pair avec l'amour qui illustre notre mandat d'aimer et de servir Dieu, et d'aimer notre prochain. Christ nous en donna l'exemple. Son ministère illustra la foi indomptable qu'il avait en son Père, celui qu'il consultait en tout et pour tout. Sa vie illustrait aussi son amour. Il fut ému de compassion pour tous ceux qu'ils voyaient. En inaugurant son ministère il déclara sans ambages en Luc IV,18 et 19 « L'Esprit du Seigneur est sur moi, parce qu'il m'a oint pour annoncer une bonne nouvelle aux pauvres; il m'a envoyé pour guérir ceux qui ont le cœur brisé , pour proclamer aux captifs la délivrance, et aux aveugles le recouvrement de la vue, pour renvoyer libres les opprimés pour publier une année de grâce du Seigneur ». Sa mission était uniquement pour servir l'humanité jusqu'à mourir pour elle et par elle.

Nous admettons que souvent, même quand nous savons et nous voulons suivre le Maître, notre nature pécheresse nous trahit. L'homme est en proie à une spirale de discordes internes qui le tourmentent et le tenaillent constamment. A ce tournant du XXIème siècle, il nous faut une foi inébranlable en notre Sauveur pour faire face à tous les tiraillements de l'existence. Seule la foi véritable peut nous aider à surmonter les épreuves qui tendent à se multiplier et à devenir plus complexes. Quand on a la foi, on est pourvu de tout. Face aux différents besoins, aux souffrances, aux maladies, et même à la mort, la foi nous procure la paix, la quiétude d'esprit par la certitude que le Dieu invisible est toujours présent, et rien n'échappe à son pouvoir ou à son contrôle. Une telle foi défie toute logique.

Pourtant elle n'est pas une illusion, elle n'est pas la présomption, elle ne facilite pas l'incohérence, ou le fanatisme. Elle n'est pas le fruit de notre imagination, de nos projections ou de nos émotions. Elle est réelle, Psaumes CXXV, 1,2 déclare : « Ceux qui se confient en l'Éternel Sont comme la montagne de Sion : elle ne chancelle point, Elle est affermie pour toujours. Des montagnes entourent Jérusalem ; Ainsi l'Éternel entoure son peuple, Dès maintenant et à jamais ». La foi sous entend la connaissance, la soumission et en même temps une vie d'action sous l'influence du Grand Jéhovah.

La question de Jésus trouvée en Luc XVIII, 8 « quand le fils de l'homme viendra, trouvera-t-il la foi sur la terre ? » résonne un peu plus fortement. Le défi demeure : dans ce monde matérialiste, comment le chrétien arrivera-t-il à vivre par la foi ?

Quand il doit faire face à toutes sortes d'épreuves et de difficultés, il doit se souvenir de la déclaration de Jésus Christ trouvée en Mat. VI : 25-34 «C'est pourquoi je vous dis : Ne vous inquiétez pas pour votre vie de ce que vous mangerez, ni pour votre corps, de quoi vous serez vêtus. La vie n'est-elle pas plus que la nourriture, et le corps plus que le vêtement ? Regardez les oiseaux du ciel : ils ne sèment ni ne moissonnent, et ils n'amassent rien dans des greniers ; et votre Père céleste les nourrit. Ne valez-vous pas beaucoup plus qu'eux ? Qui de vous, par ses inquiétudes, peut ajouter une coudée à la durée de sa vie ? Et pourquoi vous inquiéter au sujet du vêtement ? Considérez comment croissent les lis des champs : ils ne travaillent ni ne filent ; cependant je vous dis que Salomon même, dans toute sa gloire, n'a pas été vêtu comme l'un d'eux. Si Dieu revêt ainsi l'herbe des champs, qui existe aujourd'hui et qui demain sera jetée au four, ne vous vêtira-t-il pas à plus forte raison, gens de peu de foi ? Ne vous inquiétez donc point, et ne dites pas : Que mangerons-nous ? Que boirons-nous ? De quoi serons-nous vêtus ? Car toutes ces choses, ce sont les païens qui les recherchent. Votre Père céleste sait que vous en avez besoin. Cherchez premièrement le royaume et la justice de Dieu ; et toutes ces choses vous seront données par-dessus. Ne vous inquiétez donc pas du lendemain ; car le lendemain aura soin de lui-même. A chaque jour suffit sa peine. »

Sola Fide était si important au XVIème siècle que plusieurs des réformateurs durent la défendre au prix de leur vie. Au XXIème siècle, elle évoque l'idée que la fin de toute chose est proche et que bientôt chaque être humain devra se présenter par devant le trône du Tout Puissant et répondre de ses actes. Qui pourra subsister ? « Tous ont péché et sont privés de la gloire de Dieu » (Rom. III, 23). Or Dieu est trop pur pour tolérer ou ignorer le péché. Comment l'homme pécheur pourra-t-il échapper au jugement divin ? Aucun pécheur ne peut se tenir devant Dieu et se justifier. D'ailleurs sa justice, sa pureté nous auraient consumés, pulvérisés. Il y va de notre ultime destinée de faire un choix entre ce que la Bible nous dit, et les déclarations humaines. Selon les Saintes Écritures, nous n'avons qu'une planche de salut : Jésus Christ. Le Ciel attend de nous un seul geste : accepter par la foi le sacrifice consenti par Jésus Christ, l'agneau immolé qui paya une fois pour toutes le prix de tous nos péchés et nous accorde le salut par grâce. C'est une justice imputée. Elle n'est pas une justice inhérente ou infuse. La justification s'obtient par la foi et est accessible à tous. Un seul pas fait la différence : Le pas de la foi.

C'est le cas de l'un des larrons. Il crut en Jésus qui lui affirma son salut immédiatement. La justification est immédiate, elle n'est pas un long processus qui dure jusque par delà le tombeau avec la vente des indulgences et les messes. Ce brigand sur la croix avait sans doute commis beaucoup de péchés. Selon la doctrine de l'église catholique romaine telle qu'elle était enseignée et comprise au XVIeme siècle, il devrait passer des centaines, des milliers ou même des millions d'années au purgatoire. Pourtant, Jesus lui déclara cette nuit la, en Luc XXIII, 43 « Tu seras avec moi dans le paradis ». Selon ce dialogue entre Jésus et le malfaiteur, on n'a pas à faire escale au purgatoire pour expier ses péchés ; les parents n'ont pas besoin de payer pour faire chanter des messes, ni d'acheter des indulgences pour sauver un bien-aimé de la mort du tombeau. Jésus détient les clés de la mort et du séjour des morts.

Si nous devons travailler pour mériter la vie éternelle, nous aurons en quelque sorte diminué, dilué, banalisé l'efficacité du sang de Jésus Christ et osé croire que nous pouvons ajouter quelque chose, corriger, amplifier l'œuvre propitiatoire du Maitre et nous sauver par des œuvres méritoires comme le baptême, la pénitence, les aumônes, les indulgences. La Bible ne les reconnait pas comme moyen de salut. « Il y a un seul Dieu et aussi un seul médiateur » (1Tim II, 5). Il est donc impérieux que les vrais chrétiens retournent à la prédication de la Justification de la foi. Il faut claironner ce que nous lisons en Apocalypse XIV, 7 « l'heure de son jugement est venue ». Il est urgent de se repentir, d'accepter Jésus comme l'unique Sauveur qui offre le salut gratuitement par la foi seulement. Sinon, on risque de « boire du vin de la fureur de

Dieu, versé sans mélange dans la coupe de sa colère » et d'être « tourmenté dans le feu et le souffre » (Apocalypse XIV, 9) que nul ne pourra résister.

De nos jours, les croyants ne veulent pas entendre ce genre de message. Tout le monde se raffole des messages qui ne prédisent que le bonheur sur la terre et l'Éternel bonheur qui attend tout le monde dans l'au-delà. Aux funérailles, on ne faillit presque jamais d'encenser le défunt et de l'envoyer tout droit au ciel. On dirait que pour les protestants, tous leurs membres vont directement au paradis. Quant aux catholiques, le purgatoire est un moyen de garantir le paradis pour tous. Pourtant la Bible nous dit : « …Un reste seulement sera sauvé ». En Mat. VII, 14, elle déclare « étroite est la porte, resserré le chemin qui mènent à la vie, et il y en a peu qui les trouvent ». Alors bien-aimés, le choix est clair : Suivons et pratiquons ce que nous dit la Sainte Bible et cessons de suivre nos penchants. « Ne vous conformez pas aux siècles présents » (Rom. XII, 2)

Nous courons tous après l'œcuménisme, la bonne entente, la paix et l'harmonie. Nous en citons comme preuve le document intitulé « Evangelicals and Catholics Together : The Christian Mission in the Third Millennium », document signé par un groupe imposant de leaders protestants et catholiques. Ce document déclare essentiellement que « Tous ceux qui acceptent Christ comme Seigneur et Sauveur sont frères et sœurs en Christ. Evangelicals (Protestants) et catholiques sont frères et sœurs en Christ[6]. D'aucuns sans doute se réjouissent d'un tel accord. Mais à quel prix ? A-t-on oublié le point central des Réformateurs pour lequel ils étaient prêts à donner leur vie ? Pour eux, l'évangile devait être dispensé sans altération, et la Justification était accordée par la foi seulement. C'était là le point pivot par lequel l'église devait se tenir debout ou s'effondrer (articulus cadentis et stantis ecclesiae). La réforme tournait et se reposait sur les gonds de ce principe. Le salut est l'œuvre du Christ seul. Il s'obtient seulement par la foi, sur la déclaration judiciaire de Dieu lui même par le sacrifice propitiatoire de Jésus Christ qui accorde l'absolution à tout pécheur repentant, sur la justice imputée (iustitia imputata).

Alors que pour le vrai Christianisme les menaces s'amoncellent de toutes parts : Antinomistes, Musulmans, bouddhistes, Arminianites, Modernistes, pluralistes, au lieu de préserver notre doctrine chrétienne, nous nous courbons devant le système papal. Est-ce une trahison ? Quelle Aberration ! Au lieu d'approfondir davantage les Saintes Écritures pour découvrir et pratiquer d'autres vérités que les ainés pouvaient avoir manqué, (« semper reformanda » et ce dont a parlé Martin Luther : toujours entrain de reformer) nous voila prêts à rebrousser chemin, à retourner à l'ère enténébrée de l'église.

Ne nous trompons pas. Les catholiques n'ont jamais renoncé et ne renonceront point aux déclarations du « Concile de Trent » qui servit de réponse officielle des catholiques aux Réformateurs. Au contraire, ils l'ont déclaré « vérité infaillible ». Or ce Concile déclara que le purgatoire est nécessaire pour purger ses péchés, la justification est l'œuvre de toute une vie, et au delà, que le salut s'obtient par la foi plus les œuvres, que la grâce est infuse et devient inhérente à l'homme, etc. Ils ont scellé tout cela en déclarant : que tous ceux qui croient autrement sont des Anathèmes ! Quand les vrais hérétiques accusent les fidèles d'être des Anathèmes, cela devient pour le moins curieux ! Pour de plus amples détails, il est possible de consulter tout le document du Concile de Trent.

Comment pourrions-nous, nous chrétiens conséquents, accepter une telle alliance ? Quel rapport y'at'il entre la lumière et les ténèbres, entre ceux qui veulent rester fidèles uniquement à la Sainte Bible, parole de Dieu, et ceux qui choisissent de façon systématique, soit par la force, ou par la ruse, ou par la distorsion, d'ajouter, de mélanger la vérité avec leurs traditions et les coutumes païennes, pour s'assurer la domination suprême ? Les compromis, les négociations entreprises avec cette force religieuse irréductible, qui se croit détentrice infaillible de toute vérité spirituelle, ne peuvent aboutir qu'à la perte de ceux qui s'y sont laissés pris au piège. Finalement, le moment viendra où le puissant Saint Siège montrera sa vraie couleur. A ce carrefour, on ne peut s'empêcher de penser à cette fable d'Esope : *Le Lion et le renard :* « *Un lion devenu vieux, hors d'état désormais de se procurer sa nourriture par la force, estima qu'il fallait jouer de finesse. Il s'installa donc dans une caverne et s'y coucha, faisant semblant d'être malade : ainsi, tous les animaux qui venaient lui rendre visite étaient pris et dévorés. Beaucoup avaient déjà péri quand se présenta le renard, qui avait compris sa ruse : s'arrêtant à bonne distance de la caverne, il prit des nouvelles du lion.* « *Ca va mal* », *répondit le lion qui **lui** demanda pourquoi il n'entrait pas.* « *Je l'aurais fait sans doute* », *répondit le renard,* « *si je ne voyais pas beaucoup de traces à l'entrée, mais aucune à la sortie.* » *Ainsi, à certains indices, les hommes sensés prévoient le danger et l'évitent* ».

Alors, sommes-nous des gens sensés ? Sinon, nous atteindrons une phase où nous serons si faibles, si bien amadoués, séduits, que nous serons disposés à nous soumettre et à nous unir docilement au Vatican. Certains en seront même flattés. Ce sera l'ère de la reddition sans condition et la réinstitution de toutes sortes de persécutions pour la poignée qui osera résister. La plus grande déception dans la vie est d'être trahi par ceux en qui on avait placé toute sa confiance. L'autre menace qui est aussi mortelle que le compromis et la soumission est l'apostasie. Elle n'est pas l'œuvre d'un jour. C'est plutôt un processus subtil qui fait son chemin et qui fait partie de sa culture dont on est souvent fière. Et puis, si les autres le font, si tout le monde le fait, pourquoi pas nous ? Une simple révision de l'histoire du peuple Israël et de Juda peut aisément nous en convaincre. Pour le présent siècle, avec le phénomène de globalisation, les mœurs et les coutumes mondaines sont souvent dictées par des artistes, des gens qui ne sont motivés que par l'envie d'être différents des autres à n'importe quel prix. Comment des gens amoraux peuvent-ils influencer l'église de Dieu ? L'impact ne pourra jamais faire plaisir à Dieu. Gen. VI, 5 se lit comme suit : « L'Eternel vit que la méchanceté des hommes était grande sur la terre, et que toutes les pensées de leur cœur se portaient chaque jour uniquement vers le mal ». Dans le Nouveau Testament, voulant exhorter ses fidèles à la vigilance, Jésus Christ déclara en Mat. XXIV, 37 « Ce qui arriva du temps de Noé arrivera de même à l'avènement du Fils de l'homme ». Tout le monde voudra s'occuper de ses loisirs et poursuivre ses plaisirs. Les persévérants seront comme « Un cheveu sur la soupe ». Ils seront persécutés par leurs pairs, des frères, des sœurs, des amis avec qui ils croyaient faire la route ensemble. Ce sera la plus grande surprise. La détresse sera si grande qu'a peine si les plus justes seront sauvés. « Et si ces jours n'étaient abrégés, personne ne serait sauvé... » (Mat. XXIV, 21,22) A bon entendeur, salut ! D'aucuns nous qualifieront d'alarmistes, alors consultons les saintes écritures. Que nous disent-elles ? Lisons 2 Tim. IV, 1-5 « Je t'en conjure devant Dieu et devant Jésus Christ, qui doit juger les vivants et les morts, et au nom de son apparition et de son royaume, prêche la parole, insiste en toute occasion, favorable ou non, reprends, censure, exhorte, avec toute douceur et en instruisant. Car il viendra un temps où les hommes ne supporteront pas la saine doctrine ; mais, ayant la démangeaison d'entendre des choses agréables, ils se donneront une foule de docteurs selon leurs propres désirs, détourneront l'oreille de la vérité, et se tourneront vers les fables. Mais toi, sois sobre en toutes choses, supporte les souffrances, fais l'œuvre d'un évangéliste, remplis bien ton ministère ». En Actes XIV, 22, les apôtres indiquent clairement le sentier des vrais croyants : « ... les exhortant à persévérer dans la foi, et disant que c'est par beaucoup de tribulations qu'il nous faut entrer dans le royaume de Dieu ». Voila le défi qui est devant chacun de nous.

Bien-aimés, le choix est simple : ou nous croyons en la Bible, ou nous n'y croyons pas. Elle déclare que seuls ceux qui passent par Jésus Christ seront sauvés et ce salut s'obtient en passant par des tribulations (Jean XVI, 33, 2 Cor. VI, 4, 1 Thés. III, 3, Apoc. VII, 14). Qui va infliger ces peines aux élus de Dieu ? Sur quels critères va-t-on imposer ces tribulations ? Comment les sauvés vont-ils se différencier ? Il y a un seul Dieu, il y a aussi un seul médiateur pour accorder la rédemption. Tout s'obtient par grâce, par le moyen de la foi, et comme un don de Dieu. Nous n'avons qu'un choix : rejeter le salut offert gratuitement ou l'accepter. Après avoir accepté ce rachat, il faut avertir les autres, prêcher cet évangile dans toute sa pureté et son intégralité :

a) l'homme est pécheur, coupable et passible de la peine capitale : la mort éternelle.

b) Dieu est pur, juste qui se doit d'exercer son jugement et punir l'homme coupable.

c) Jésus Christ s'est substitué à l'homme. Il a encouru le courroux et le plein jugement divin.

d) le Sacrifice de Christ donne à tout Homme accès au salut éternel gratuitement, par la foi. « Il n'y a aucune condamnation pour ceux qui sont en Jésus Christ » (Rom. VIII, 1).

e) une fois le salut accepté par la foi, ce dernier est justifié en Christ. Ce salut est un don (gratuit) qui ne lui appartient pas en propre (iustitia extra nos, justitia alienum) : Es 45, Eph. 2 :8.

f) cette justification immédiate qui lui est imputée (Abraham crut à Dieu et cela lui fut imputée) l'habilite en même temps à progresser dans la foi pour sa sanctification (c'est le « simul justus et peccator » dont parla Luther, c'est-à-dire l'être repentant est à la fois pécheur (par sa nature humaine) et justifié (par le sang de Jésus). Avec Jésus, il ne se complait plus à accomplir les œuvres de la chair. Le péché devient un accident dont il se repent.

g) engagé sur la route chrétienne, le pécheur repentant approfondit sa connaissance, devient obéissant, et soumis aux injonctions divines. Il persévère dans l'amour, dans la crainte et l'humilité. Reconnaissant d'avoir été racheté à un si grand prix, il s'engage à glorifier Dieu en tout.

Selon Apoc. XIV, 12 : « C'est ici la persévérance des saints, qui gardent les commandements de Dieu et la foi de Jésus ». Donc les saints qui auront la vie éternelle en Jésus Christ observent les commandements de

Dieu au lieu de dire qu'ils sont abolis. Ils n'ont recours qu'à Jésus Christ pour le salut, pas aux morts, pas à la sainte vierge, pas aux indulgences, pas aux sacrements. **Seul Jésus peut sauver** ! Et Il dit « Venez à Moi, vous tous qui êtes fatigues et charges, et je vous donnerai du repos » (Mat. XI, 28). Alors pourquoi écouter les hommes et non pas Jésus Christ. Pourquoi rejeter la proie pour suivre l'ombre ? Pourquoi résister à un tel appel ? « Comment échapperons-nous si nous négligeons un si grand salut ? » (Héb. II, 3). Le jugement dernier n'est pas une supercherie, une invention pour faire dormir les enfants. Ecc. XII, 14 nous dit : «Car Dieu amènera toute œuvre en jugement, au sujet de tout ce qui est caché, soit bien, soit mal ». Lisons ce qui suit en Apoc. XX, 11-15 : « Et le diable, qui les séduisait, fut jeté dans l'étang de feu et de soufre, où sont la bête et le faux prophète. Et ils seront tourmentés jour et nuit, aux siècles des siècles. Puis je vis un grand trône blanc, et celui qui était assis dessus. La terre et le ciel s'enfuirent devant sa face, et il ne fut plus trouvé de place pour eux. Et je vis les morts, les grands et les petits, qui se tenaient devant le trône. Des livres furent ouverts. Et un autre livre fut ouvert, celui qui est le livre de vie. Et les morts furent jugés selon leurs œuvres, d'après ce qui était écrit dans ces livres. La mer rendit les morts qui étaient en elle, la mort et le séjour des morts rendirent les morts qui étaient en eux ; et chacun fut jugé selon ses œuvres. Et la mort et le séjour des morts furent jetés dans l'étang de feu. C'est la seconde mort, l'étang de feu. Quiconque ne fut pas trouvé écrit dans le livre de vie fut jeté dans l'étang de feu ».

Chacun sera jugé seul, à moins qu'on ait fait la paix avec Dieu et qu'on ait choisi Jésus pour son avocat maintenant qu'on a encore cette opportunité. Pourquoi permettre à des humains de vous induire en erreur alors que Jésus est lui-même disponible pour vous éclairer et vous conduire sur le vrai sentier ? Je vous l'assure, aucune religion, aucune église dirigée par les humains n'est parfaite. Cependant un bon nombre d'entre elles se sont éloignées, se sont fourvoyées en cours de route. Qui pis est, certaines ont tendance à durcir leur position en faisant appel à toutes sortes d'excuses.

Cher lecteur, vous êtes très intelligent. La Bible dit qu'il ne faut pas suivre la multitude pour faire le mal (Ex. XXIII, 2). Elle déclare qu'un reste seulement sera sauvé (Rom. IX, 27). Elle déclare également que la porte étroite, qui est la bonne voie, n'attire que très peu de gens (Mat. VII, 13). Donc, le nombre de ceux qui suivent Jésus en esprit et en vérité est restreint. Quand vous voyez certains points de doctrines sont acceptés par toutes les églises, cela n'accuse aucune disparité. Mais il faut se concentrer sur ce qui différencie une église d'une autre. Et l'écart peut être gigantesque en matière spirituelle. Je vous donne des exemples :

a) Où vont nos bien-aimés après leur mort : dans le ciel, au purgatoire ou dans la tombe pour attendre le retour de Christ ?

b) Au retour de Jésus, qu'arrivera-il aux élus ? Iront-ils au ciel, si oui pour combien de temps : pour mille ans ou pour l'éternité ? La réponse populaire de presque toutes les églises, n'est pas nécessairement la réponse biblique.

c) L'observation des commandements de Dieu- Quelle église, quelle congrégation sait non seulement qu'elle est sauvée par grâce ; mais qu'après avoir été racheté par Jésus-Christ, elle s'évertue en toute humilité à obéir à tous les commandements sans abandonner aucun d'entre eux ? Pourquoi les autres dénominations disent-elles qu'elles sont « sous la grâce, et que la loi est abolie » alors qu'en même temps elles répètent et professent :

1- qu'on ne doit adorer que Dieu seul (Ex. XX, 3)

2- qu'on ne doit pas faire d'image taillée, ni de représentation quelconque des choses qui sont en haut dans les cieux, qui sont en bas sur la terre, et qui sont dans les eaux plus bas que la terre… (Ex. XX, 4-6)

3- qu'on ne doit point prendre le nom de l'Éternel en vain ; car l'Éternel ne laissera point impuni celui qui prendra son nom en vain. (Ex. XX, 7)

4- qu'on doit honorer son père et sa mère, afin d'avoir une longue vie. (Ex. XX, 12)

5- qu'on ne doit pas tuer. (Ex. XX, 13)

6- qu'on ne doit point commettre d'adultère (Ex. XX, 14).

7- qu'on ne doit pas dérober (Ex. XX, 15).

8- qu'on ne doit point porter de faux témoignage contre son prochain (Ex. XX, 16).

9- Qu'on ne doit point convoiter ce qui appartient à son prochain (Ex. XX, 17) ?

Savez-vous qu'il n'y a aucune religion chrétienne qui va accepter, voire encourager ses membres à désobéir à aucun de ces neuf commandements que nous venons d'énumérer ? Aucune église chrétienne ne le fera. D'ailleurs, ces commandements constituent la base des lois civiques et morales de toutes les nations du globe, d'une façon ou d'une autre. Alors la problématique se pause : Pourquoi dit-on que la loi est abolie ?

Cher lecteur, Je sais que vous êtes assez doué. Vous avez sans doute remarqué que l'un des commandements est porté manquant, car Dieu en avait donné dix. Celui qui brille par son absence est le quatrième commandement trouvé en Ex. XX, 8-11. C'est celui qui fait la différence. Par une ironie du sort, celui-là est plus ancien que tous les autres. En effet, en Gen. II, 1-3 nous lisons : » Ainsi furent achevés les cieux et la terre, et toute leur armée. Dieu acheva au septième jour son œuvre, qu'il avait faite : et il se reposa au septième jour de toute son œuvre, qu'il avait faite. Dieu bénit le septième jour, et il le sanctifia, parce qu'en ce jour il se reposa de toute son œuvre qu'il avait créée en la faisant ».

En Esaïe LXVI, 22,23, Il est mentionné qu'a chaque sabbat sur la nouvelle terre toute chair viendra se prosterner devant Dieu. Alors pourquoi y'a-t-il presqu'unanimité à faire toutes sortes d'acrobatie, de philosophie, de dilatoires autour de ce « Sabbat » qui existât bien avant la venue du péché dans le monde ? Comment peut-il faire partie des lois de Moise alors que les dix commandements furent écrits par le « doigt de Dieu » ? (Ex. XXXI, 18) Comment peut-il être aboli comme l'une des lois cérémonielles. Comment réconcilier une telle approche avec la déclaration de Jésus en Mat. V, 17 « Ne croyez pas que je sois venu pour abolir la loi ou les prophètes ; je suis venu non pour abolir, mais pour accomplir » ? Il surenchérit en Marc II, 27,28 en déclarant que « le sabbat a été fait pour l'homme, et non l'homme pour le sabbat ». Jésus Christ est maitre même du sabbat. Toutes les religions s'entendent pour observer le dimanche. Elles ont toutes de bonnes raisons. Mais est-ce ce que Dieu a dit ? Se peut-il que ce soit une autre façon de répéter l'affaire « Sola Fide » du temps de la réforme ? Toutes ces religions s'entendront-elles et se ligueront-elles contre ceux qui n'observent pas le Dimanche comme jour de repos ? Le prophète Daniel en Dan VII, 24-27 prédit qu'avant le jugement, avant que le règne, la domination et la grandeur de tous les royaumes soient donnés au peuple des saints du Très-Haut pour un règne eternel, il s'élèvera un royaume qui prononcera des paroles contre le Très-Haut, il opprimera les saints du Très Haut, et il espèrera changer les temps et la loi, et il sera aussi persécuteur de ces saints. Oui, il espèrera changer les temps et la loi, mais à cause des saints, à cause des fidèles, il n'y parviendra pas. Alors, puisque toute la terre lui sera soumise, il ne supportera pas qu'une tierce partie n'obéisse pas à ses contrefaçons. Il aura l'appui de tous les systèmes de ce monde pour infliger toutes sortes d'épreuve, de châtiment, de punition aux fidèles enfants de Dieu qui ne le sont pas seulement de nom mais qui le sont dans la pratique quotidienne. Le prophète Esaïe, en Es IV, 1 dit que « sept femmes saisiront en ce jour un seul homme, et diront : Nous mangerons notre pain, et nous nous vêtirons de nos habits ; fais –nous seulement porter ton nom ! Enlève notre opprobre ! » Ceux qui s'y connaissent en théologie savent que le chiffre sept peut indiquer la totalité, et le mot « femme », représenter les églises. Nous vivons à un tournant où tout le monde emprunte le nom de Jésus mais chacun a son agenda. C'est pourquoi au dernier jour, quand ces grands prélats se trouveront devant Jésus, ils diront : « Seigneur, Seigneur, n'avons-nous pas prophétisé par ton nom ? N'avons-nous pas chassé des démons par ton nom ? Et n'avons-nous pas fait beaucoup de miracles par ton nom ? Alors Jésus leur dira ouvertement : « je ne vous ai jamais connus, retirez-vous de moi, vous qui commettez l'iniquité » (Mat. VII, 21-23). Alors bien-aimé, Réfléchissons !

Jacques II, 10 nous enlève toute excuse car il dit : « quiconque observe toute la loi, mais pèche contre un seul commandement, devient coupable de tous ».

Cher ami, il est clair que nul ne peut être justifié par les œuvres de la loi. Il est évident que nul ne peut prétendre observer toute la loi sans broncher. Mais « l'obéissance vaut mieux que le sacrifice ». Dieu veut seulement une attitude révérencieuse, le respect de sa parole et la bonne volonté de lui obéir. Lui, il se charge de tout le reste. A cet effet, je me souviens de mes enfants quand ils pouvaient à peine faire quelques pas et étaient littéralement incapables d'atteindre les objets placés sur une table ordinaire. Chaque fois que j'arrivais à la maison, si l'un d'eux s'empressait d'aller me prendre les pantoufles, l'autre tenait toujours à aller prendre la télécommande qui était sur la table. Il ne pouvait point y arriver. Alors il se tournait vers moi. Tout se lisait sur son visage. Je m'approchais pour avancer le téléguidage jusqu'à sa portée. Alors ses mains frêles le saisissaient. Il était content de le remettre à son papa. Mais en réalité, c'était moi qui l'assistais pour atteindre son but. Son bon vouloir, sa persévérance, son désir de me plaire faisaient pour moi tout un monde de différence.

Je me dis souvent que si moi qui suis pécheur je me réjouis de voir la bonne volonté de mes enfants à faire ce qui me plait par amour, à plus forte raison le Très Haut est-il satisfait de notre bon vouloir ! Hélas ! Que de fois ne sommes-nous pas troublés, ballottés par plusieurs « vents de doctrine » ? Bien-aimés, soyons sincères ! Ne suivons point la multitude. Jésus eut à dire : « Ceux qui me disent : Seigneur, Seigneur ! n'entreront pas tous dans le royaume des cieux, mais celui-là seul qui fait la volonté de mon Père qui est dans les cieux » (Mat. VII, 21).

Essayons de pratiquer la volonté de Dieu. Il nous conduira lui même sur le droit sentier. N'oublions jamais « Si vous avez de la bonne volonté et si vous êtes dociles, vous mangerez les meilleures productions du pays » (Es I, 19). « Dieu résiste aux orgueilleux, mais il fait grâce aux humbles » (Jacq IV, 6). Ne nous trompons pas par de faux raisonnements. (Jacq I, 22). Allons directement à Jésus. Il ne met jamais dehors celui qui vient à lui (Jean VI, 37).

Oui, amis lecteurs, le message est simple : Jésus Christ s'est fait homme, a vécu parmi les hommes. Il fut humilié et souffrit une mort ignominieuse sur la croix. Mais il fut ressuscité. Il retourna au ciel. A présent, il intercède pour tous les pécheurs qui acceptent le sacrifice consenti pour eux. Il leur promet de retourner pour leur accorder la vie éternelle (Jean XIV, 1-3). Dans l'attente de l'accomplissement de cette promesse, tous doivent réaliser que « Hors de Jésus il n'y a point de salut ». Toute langue qui ne confesse pas Jésus est déjà anathème ! Naturellement, on doit trouver la forme convenable, le moment approprié et le tact qui convient d'annoncer l'évangile tel qu'il nous a été donné de le prêcher.

Dans son livre, Ézéchiel demande d'avertir les méchants afin de se repentir (Ez. III, 18,19). Dans ce contexte le qualificatif «méchants» vise ceux qui n'obéissent point à la voix divine et n'observent point ses commandements. Celui qui ose ajouter ou retrancher de cette vérité, qu'il soit anathème ! (Deut IV, 2 et Apocalypse XXII, 18,19) N'oublions jamais que c'est l'adhésion à la vérité, c'est l'obéissance à la parole de Dieu qui confèrent autorité et respect. **L'église de Dieu, cette épouse « sans tache, ni ride, ni rien de semblable » (Eph. V, 27) ne sera jamais persécutrice, mais elle sera plutôt persécutée.** Car Dieu utilise toutes sortes de moyens afin que tous connaissent la vérité et fassent un choix conséquent. Ceux qui s'obstinent à lui désobéir, auront ultimement à payer le prix du jugement et de la condamnation définitive. Dieu est tout puissant. Il est capable de se sauver sans l'intervention d'un vicaire humain qui force les gens par tous les moyens y compris la torture - à se convertir. Dieu se porte garant de la liberté de choisir de chaque être humain. Jésus déclara en Jean VI, 37 : « Tout ce que le Père me donne viendra à moi, et je ne mettrai pas dehors celui qui vient à moi ».

Son but consiste à rassembler toutes les âmes sincères qui obéissent à ses ordonnances pour que tous entrent au bercail pour qu'il y ait « un seul berger, un seul troupeau » (Jean x, 16). Ce sera l'église catholique de Jésus Christ, c'est-à-dire, l'église universelle qui contient la totalité des croyants de toute nation, de toute race, de toute langue. L'église du reste est catholique parce qu'elle est universelle, elle est soumise à Jésus Christ. Elle demeure pure et elle fait toute sa volonté.

Les réactions de Rome face à la réforme de « Sola Fide » au XVIème siècle vont se répéter à la fin des temps et cette fois-ci avec plus de sévérité et plus d'ampleur. Au XVIème siècle, on parlait de la réforme. Ils voulaient voir certains changements. Une reforme préconise une amélioration, une révision. Mais en plein XXIème siècle la réforme doit être plus profonde. Il faut réviser toutes les pratiques, toutes les routines. Il faut interroger les anciens sentiers. Il nous faut plus qu'un pansement, ou une simple amélioration. L'église doit faire l'inventaire de sa trajectoire à la lumière de la Bible pour voir ou elle a bronché, apostasié et reprendre le chemin qui mène à Christ. Nous devons cesser d'assumer que Dieu est avec nous, à nos cotés et à chaque pas quelque soit ce que nous faisons. Nous devons de préférence nous demander si nous sommes avec Dieu, s'il est à nos cotés, si nous marchons avec lui, et si nous sommes dans son camp. Après tout, il n'a jamais changé de camp. Il dit clairement sans ambages : « voici, je mets devant vous le chemin de la vie et le chemin de la mort » (Jér, XXI, 8). Les vrais chrétiens qui « gardent les commandements de Dieu et qui ont la foi de Jésus » (Apoc. XIV, 12) seront persécutés pour leur foi. Ce sera le tour du « **Lex Solius Dei** » (la loi de Dieu seule). Quand la majorité des églises s'uniront, après la coalition de toutes les religions et toutes les sectes pour l'œcuménisme global, il leur « sera donné autorité sur toute tribu, tout peuple, toute langue et toute nation ». La minorité -qui osera résister l'imposition de la marque de la bête, ou refuser l'apostasie systématique, au point de dire non aux différentes hérésies, les unes plus nuancées que les autres — sera sévèrement persécutée et punie.

Cher ami, je n'ai qu'une passion, c'est de voir mes frères et sœurs de toutes parts saisir le salut que Christ nous accorde tous pour aller jouir les félicités éternelles. Je souhaite ardemment que Dieu nous accorde tous la clairvoyance, l'esprit de discernement pour découvrir toutes les subtilités, tous les pièges, et tous les subterfuges de l'ennemi de nos âmes. Plusieurs d'entre nous ont connu des moments très difficiles sur cette terre. Pourquoi rater le privilège unique de jouir « gratuitement » du bonheur éternel ? Même ceux qui ont pillons sur rue dans ce monde doivent réaliser qu'ici-bas tout peut passer en un clin d'œil. Rien n'est garanti. Mais Jésus peut nous garantir la vie éternelle. Alors pourquoi ne pas chercher la vérité avec diligence et sincérité de cœur ?

Bien Aimés, lisons Apoc. XXII, 10-12, 20, 21 : « …le temps est proche. Que celui qui est injuste soit encore injuste, que celui qui est souillé se souille encore ; et que le juste pratique encore la justice, et que celui qui est saint se sanctifie encore. Voici, je viens bientôt, et ma rétribution est avec moi, pour rendre à chacun selon ce qu'est son œuvre…Amen ! Viens Seigneur Jésus !

Que la grâce du Seigneur Jésus soit avec vous tous ! »

Sur le sentier de Sola Fide

Épilogue

Je m'amuse à le dire et on prend plaisir à le croire : Je suis un cérébral. Tout doit passer par le cortex. Epargnez-moi les détails, prouvez-moi que ce que vous voulez me vendre est exactement ce qu'il me faut, sinon vous me faites perdre du temps. J'ai toujours hâte de voir les faits, les voies et moyens pour résoudre un problème, approcher une situation difficile. Tout pour moi tourne autour de la raison, la logique, les démonstrations tangibles en partant du point A pour aboutir au point B et les résultats.

Une telle réputation m'ayant précédé, Je comprends que plusieurs de mes connaissances ne pourront s'empêcher au moins de sourire en constatant que je me suis permis d'écrire un livre sur la foi. Eh bien, la raison est simple : Il est de ces faits que j'ai vécus, d'autres que j'ai constatés dans la vie de mes proches, à cela il faut joindre les observations faites dans mon environnement qui m'obligent à me découvrir, car ils dépassent la logique humaine. Certaines constatations, certaines actions ne peuvent s'expliquer que par le miracle de la foi.

L'esprit scientifique, l'approche académique n'arrivent pas toujours à appréhender certains faits jugés inexplicables. Au milieu du vacarme des courants du postmodernisme, post christianisme, nouvel âge ; le sectarisme, le sécularisme, le féminisme, le matérialisme, le socialisme, le rationalisme ; les courants politiques et sociologiques de tous genres, la foi s'impose pour nous porter à faire une pause et réfléchir sur notre ultime destinée. Mieux encore, le sécularisme matriciel qui veut éclabousser toute velléité religieuse d'une part, et la tendance des différentes dénominations à conjuguer leurs efforts pour une entente cordiale, l'union entre tous les chrétiens, de l'autre part doit au moins éveiller un certain questionnement ou soupçon chez toute tête pensante. L'œcuménisme constitue une démarche noble. Il doit pourtant nous porter tous à réfléchir et à revisiter les causes de la grande réforme du XVIème siècle. Selon 1 Tim. II, 4, « Dieu veut que tous les hommes parviennent à la connaissance de la vérité. ». Prov. XIII : 16, « Tout homme prudent agit avec connaissance ». Le moment est venu d'interroger l'histoire, pour ne pas se perdre sur des sentiers détournés. En Jér. VI, 16 nous lisons : « Ainsi parle l'Éternel : Placez-vous sur les chemins, regardez, et demandez quels sont les anciens sentiers, quelle est la bonne voie ; marchez-y, et vous trouverez le repos de vos âmes ». Mais hélas, que de fois ne répondrons-nous : « Nous n'y marcherons pas ! ». Comment saurons-nous que-nous nous sommes écartés de la vraie voie, si nous ne la connaissons pas, ou si nous l'oublions ?

La foi chrétienne ne saurait être un simple exercice suggestif, elle doit faire partie intégrante de la vie dont elle est l'essence même. Car on ne saurait vivre sans croire. Mais, il ne suffit pas d'avoir la foi. Il faut savoir en quoi et en qui l'on croit et pourquoi ? La foi débute avec une étincelle de curiosité innée, un lumignon de questionnement sur l'existence de Dieu qui devra porter tout être normal à vouloir approfondir sa connaissance par ce qu'il lit, ce qu'il entend, voit, et expérimente. La foi chrétienne impose aux chrétiens le besoin d'intérioriser certaines valeurs, d'adopter une certaine règle de vie, d'être guidé par un code éthique, de trouver un paramètre, un espace pour évoluer, pour être motivé en vue d'atteindre son plein épanouissement. Puis vient la phase pratique, la recollection du croyant sincère, qui vit ses propres expériences de foi personnelle en vue d'atteindre ses propres conclusions, en s'appropriant des promesses bibliques.

Nul ne peut vivre la foi de quelqu'un d'autre. On doit se rappeler l'unique façon dont on est sauvé : par grâce, par le moyen de la foi et à travers le sacrifice consenti par Jésus Christ. Telles sont les merveilleuses expériences de la foi pratiquante que j'ai voulu vous communiquer ami lecteur. Puisque nous devons tous comparaitre par devant le trône de Dieu au grand jour du jugement final, nous devons savoir sur quoi se basera notre jugement et nous interroger sur notre foi. On ne peut pas plaider ignorance ou blâmer le prêtre ou le pasteur. « L'âme qui pèche c'est celle qui mourra ». Je serais heureux si chaque lecteur, chaque lectrice pouvait réaliser que les graines de la foi sont à découvert sur le parcours de la vie chrétienne. Semées dans un terrain propice, elles germeront et porteront les fruits de victoire persévérante incitant le Chrétien qui lutte à grandir dans sa relation avec Dieu et en dépit des défis et la quête de la satisfaction des besoins quotidiens. Car après tout «…que servirait-il à un homme de gagner tout le monde, s'il perdait son âme ou que donnerait un homme en échange de son âme ? » (Mat. XVI, 26). Il faut y penser sérieusement. Il faut aussi partager sa foi avec les âmes faibles et abattues. Que cet ouvrage soit un sujet de réconfort et de raffermissement spirituel pour chacun de nous. Merci !

Sur le sentier de Sola Fide

Notice Biographique

Après avoir bouclé avec brio les cycles d'études primaires et secondaires, Jean Daniel François a fait des études en administration, économie, finances et théologie. Il est détenteur d'une licence en administration (Bachelor of Science), d'une licence en théologie (Bachelor of Théologie) et d'une maîtrise en économie (Master of Arts). Il a également étudié la médecine au New York Medical College, à Valhalla, New York, où il a obtenu son doctorat en médecine. Il poursuit sa carrière de neurologue à New York où il réside avec sa femme, Jocelyne et leurs deux enfants, Jean Daniel et Sarah.

Fondateur, directeur de journaux, de radios, de cliniques médicales, conférencier, homme de science et de foi, le docteur François a écrit Sola Fide en vue de partager ses convictions avec tous ses lecteurs à partir de son expérience personnelle, ses observations, ses multiples recherches et lectures sur la Bible, et son souci majeur d'aider toutes les âmes sincères à faire un choix éclairé fondé sur la connaissance, la douce influence de l'esprit de Dieu.

Sur le sentier de Sola Fide

Bibliographie Sélective

S'il faut se souvenir ou tenir compte de tous les livres lus, les documents consultés, les avis reçus en écrivant un livre, on ne finirait pas à les mentionner tous. Voici une liste partielle de références. Quant aux autres, je fais appel à leur indulgence ! Ma principale source est la Bible.

Allen, Diogenes, *Christian Belief In A Postmodern World*, WESTMINSTER, JOHN KNOX PRESS, 1989, LOUISVILLE, KY.

Baron, Will, *Séduit Par Le Nouvel Age*, PACIFIC PRESS PUBLISHING ASSOCIATION, MIAMI, FL 33172

Camping, *Harold, How Do I Know The Bible Is True*, FAMILY RADIO, OAKLAND, CA 94621

Chadwick, Henry, *The Early Church*, PENGUIN BOOKS, NEW YORK, NY

Christiani, Leon, *Why We Believe*, HAWTHORNE, 1959, NY

Dr. Dobson, *James, When God Doesn't Make Sense*, TYNDALE HOUSE PUBLISHERS, INC., WHEATON, IL

Graham, Billy, *Peace With God*, WORD, INCORPORATED, WACO, TX 76796

Guthrie, D., Motyer, J.A., Stibbs, A.M., Wiseman, D.J., *Nouveau Commentaire Biblique*, IMPRIMÉ EN SUISSE PAR CORBAZ S.A., MONTREUX, 2002 6EME EDITION

Hamilton, Floyd E., *The Basis of Christian Faith*, HARPER & ROW, 1964, NY

Maxwell, Arthur S., *Your Bible and You, (Votre Bible Et Vous)*, PACIFIC PRESS PUBLISHING ASSOCIATION, MIAMI, FL 33172

Michalson, Carl, *The Rationality of Faith*, SCRIBNERS, 1963, NY

Murphy, Joseph, *La Magie de la Foi*, EDITIONS DANGLES, 1970, PARIS, FRANCE

Numbers, Ronald L., *The Creationists*, RANDOM HOUSE, 1992, NY

Purtill, Richard L., *Reason to Believe*, EERDMANS, 1974, GRAND RAPIDS, MI

Sproul, Robert Charles, *The Crucial Questions Series*, REFORMATION TRUST PUBLISHING, ORLANDO, FL

Sproul, Robert Charles, *Faith Alone*, BAKER BOOKS, 1995, GRAND RAPIDS, MI

Weber, Max, *The Protestant Ethic and The Spirit of Capitalism*, ROXBURY PUBLISHING COMPANY, LOS ANGELES, CA 2002

White, Ellen G., *La Tragédie Des Siècles*, REVIEW AND HERALD GRAPHICS, HAGERSTOWN, MD 21740

Notes

[1] — Ce concile fut convoqué par le pape Paul III suite aux demandes insistantes du Roi Charles Quint pour répondre au développement de la Réforme protestante. Il s'est tenu en trois occasions (1545-1549, 1551-1552, 1562-1563). Il devait permettre à l'Église d'opérer sa propre réforme et de réunir à nouveau les chrétiens. S'il eut effectivement le mérite d'abolir un certain nombre des abus de l'Église catholique et de réviser ses institutions, il aboutit plutôt à la séparation définitive entre le Protestantisme et le Catholicisme.

[2] — Au cas où certains d'entre vous ne sont pas trop familiers de la Bible, permettez-moi d'indiquer qu'il s'agit d'une compilation de 66 livres écrits par des auteurs différents, tous sous l'influence du Saint-Esprit. La Bible comprend deux parties : l'Ancien Testament et le Nouveau Testament. Quand un texte est cité, il est important de le situer d'abord dans l'Ancien ou le Nouveau Testament, et de déterminer quels livres le précèdent ou le succèdent. Par exemple, Jean III, 16. Cela signifie le livre de Jean (dans le Nouveau Testament, situé entre Luc et Les Actes des Apôtres), le troisième chapitre et le seizième verset. Pour rendre la tâche plus facile, il convient de se référer à la table des matières de votre Bible, vous verrez où se trouve un livre en particulier. Par ailleurs, les citations tirées de la Bible sont notées par l'indication abrégée du livre. Par exemple, Matthieu devient « Math. », Ecclésiaste, « Ecc. ». La liste détaillée des livres abrégés figure au début ou à la fin de chaque volume biblique.

[3] — Compendium du Catéchisme de l'église Catholique. www.vatican.va/archive/compendium_ccc/documents/archive.

[4] — Die Predigtdatenbank [archive].

[5] — Luther, What Luther Says, 1:474.

[6] — The Institute on Religious and Public Life, New York, page 5.

Liste Des Abrégés Des Livres De La Bible

À noter que la liste est fournie en fonction de l'ordre d'apparition de ces livres dans la Bible.

Gen.	Genèse
Ex.	Exode
Lév.	Lévitique
Nomb.	Nombres
Deut.	Deutéronome
Jos.	Josué
Sam.	Samuel
Chr.	Chroniques
Ps.	Psaumes
Prov.	Proverbes
Ecc.	Ecclésiaste
Jér.	Jér.
Ez.	Ezéchiel
Mic.	Michée
Zac.	Zacharie
Mal.	Malachie
Mat.	Matthieu
Rom.	Romains
Cor.	Corinthiens
Gal.	Galates

Sur le sentier de Sola Fide

Eph.	Ephésiens
Philip.	Philippiens
Col.	Colossiens
Thés.	Thessaloniciens
Tim.	Timothée
Héb.	Hébreux
Jac.	Jacques
Apoc.	Apocalypse

Table des Matières

Du Même Auteur 3
Remerciements et Dédicaces 7
Introduction 13
Préface 19
Avertissement 25
I   La foi et le concept de Dieu 33
II   LA Foi et la Nature humaine 49
III La Foi et la poursuite du Paradis Perdu 59
IV La Foi et le Plan de la Rédemption 67
V   La Foi et les Saintes Ecritures 83
VI La Foi dans la vie humaine 99
VII Sola Fide : La Justification Par la Foi Seule ... 123
VIII Les Facettes de la Foi 169
IX Les Affinités de la Foi 189
X   Les Atours de la Foi 227
XI Les Handicaps à la Foi 253
XII Plaidoyer Pour la Grâce 277
XIII Sola Fide au XXIème Siècle 291
Épilogue 335
Notice Biographique 341
Bibliographie Sélective 343
Notes 346
Liste des Abrégés des Livres de la Bible 347

Sur le sentier de Sola Fide

Pour toute information ou commande, écrivez à :
Jean Daniel François, MD
P.O. Box 360543
11236 Brooklyn, NY
USA
Téléphone : (718) 531-6100, Fax : (718) 531-2329
E-mail : jfranc6704@aol.com
www.successfullife.us

Imprimé aux Etats Unis d'Amérique
Première édition
Couverture conçue et préparée par Denise Gibson
ISBN : 978-09823142-7-2

Sur le sentier de Sola Fide

www.ingramcontent.com/pod-product-compliance
Lightning Source LLC
Chambersburg PA
CBHW060107170426
43198CB00010B/803